A guerra mundial

Do Autor:

Os Cinco Sentidos

Hominescências

Notícias do Mundo

Variações sobre o Corpo

A Guerra Mundial

Michel Serres

da Academia Francesa

A guerra mundial

Tradução
Marcelo Rouanet

BERTRAND BRASIL

Título original: *La Guerre Mondiale*

Capa: Simone Villas-Boas
Foto de capa: BronzeLost childhood © Marijus

Editoração: DFL

Texto revisado segundo o novo
Acordo Ortográfico da Língua Portuguesa

2011
Impresso no Brasil
Printed in Brazil

CIP-Brasil. Catalogação na fonte
Sindicato Nacional dos Editores de Livros, RJ

S51g Serres, Michel, 1930-
A guerra mundial/Michel Serres; tradução de Marcelo Rouanet. – Rio de Janeiro: Bertrand Brasil, 2011.
176p. : 21 cm

Tradução de: La Guerre Mondiale
ISBN 978-85-286-1503-6

1. Guerra (Filosofia). 2. Guerra e civilização. 3. Guerra – Aspectos morais e éticos. 4. Filosofia francesa. I. Título.

CDD – 194
11-2166 CDU – 1(44)

EDITORA BERTRAND BRASIL LTDA.
Rua Argentina, 171 — 2º andar — São Cristóvão
20921-380 — Rio de Janeiro — RJ
Tel.: (0xx21) 2585-2070 — Fax: (0xx21) 2585-2087

Atendimento e venda direta ao leitor:
mdireto@record.com.br ou (21) 2585-2002

Sumário

Para meus amigos da Royale,
e para que me desculpem por
tê-los deixado tão cedo.

Abertura

Durante minha infância, adolescência e juventude, cinco ou seis guerras feriram minha formação e meus começos na vida. Essa sangria do corpo e da mente durou tantos anos que não consigo meditar sobre esses conflitos sem uma emoção cuja intensidade ameaça deformar os fatos aqui relatados, embora os vivifique. Discorrerei sobre o que vi, vivi e senti, chegando até a um sofrimento sobre cuja crueldade eu nem sempre tive consciência. Penso, ajo, morrerei marcado por esse ferro incandescente, de abandonos certamente, mas, acima de tudo, de violência e de assassinatos.

Primeiro dia

Reduzidíssima, minha geração teve a felicidade de simplesmente nascer, pois a precedente desaparecera, aos milhões, na carnificina das trincheiras da Primeira Guerra Mundial, entre 1914 e 1918; meu pai, sempre enfermiço, fora intoxicado por armas químicas em Verdun; ateu, ele se convertera naquele inferno, sob os estouros de metralha e o troar dos canhões alemães Bertha, rodeado por fileiras de cadáveres. Jamais desejou falar dessa passagem de sua vida. Da escola de minha mãe, apenas ela se casou; suas amigas, comprometidas, choravam todas a perda de possível padrinho, noivo ou namorado entre os corpos empilhados. Ao longo do rio Garona, onde passava meus anos de prontidão, de fora só apareciam crianças barulhentas; as casas vizinhas abrigavam jovens e velhas viúvas, fantasmas solitários, lentos, silenciosos, enlutados. Os campos em torno da cidade permaneceram abandonados, por falta de agricultores; foices, arados e granjas sem herdeiros.

Alegre, com iluminação elétrica nova, Paris, capital cultural, literária, musical... divertia-se, dizem; o interior e o campo, arredios, calavam-se em seus sulcos e terras revolvidas, pois sua juventude camponesa dormia, maltrapilha em andrajos de soldados, sob lápides paralelas alinhadas até o horizonte. Nunca avaliamos o efeito narcótico da pergunta: quem triunfará? Ou o torpor narcísico de vencer. Sim, Paris ganhara a chamada Grande Guerra e festejava, enquanto o povo francês perdera seus jovens e seus homens; essa multidão silenciosa já odiava a violência, a política antiquada e a crueldade delirante da História. Ela recusou o confronto em 1939 e fugirá de qualquer outro massacre futuro. Ela pagou definitivamente por sua paz.

Pois a guerra de 1914 conheceu matanças abomináveis.

Minhas primeiras lembranças datam de 1936, quando, para meu Sudoeste natal, afluíram da Espanha refugiados, vermelhos e brancos misturados, que com uma única e mesma voz, próxima de nosso dialeto, relatava atrocidades, torturas extremas e sofisticadas, cadáveres, frio e fome, narrativas insuportáveis às crianças. Foi preciso alimentá-los, tratá-los, alojá-los, achar-lhes trabalho. Sua guerra civil alcançara um grau de barbárie comparável àquele em virtude do qual eu quase não pude nascer.

Pois a guerrilha espanhola experimentou abomináveis matanças.

Apenas alguns meses depois, desaguou em nossas terras o *tsunami* dos refugiados alsacianos, lorenos, belgas, flamengos, parisienses... Inundando minha cidade, aquele mar de gente decuplicou em três dias a população local. Rio contínuo de sofrimentos lamentáveis. Passei minhas primeiras noites em claro, aos 8 anos, não longe da estação de trens, carregando pacotes, cortando tiras Velpeau, amontoando cobertores, transportando pão.

Situada à margem do outro rio, aquele em que corria apenas água, minha casa de marujo se encheu de estropiados, de esfomeados, de soluços e, novamente, de viúvas; uma delas — seu pai desaparecera em algum lugar durante a *Blitzkrieg** — morreu na garagem, sob meu quarto, deixando seis criancinhas belgas, uma delas lactante. Meus pais as adotaram. Eis como nasceu, já crescida, parte de meus irmãos e irmãs naturais.

O que os historiadores, em Paris e nas capitais, as universidades ou os jornais chamam de Segunda Guerra Mundial passou, então, sobre minha cabeça infantil, esmagada por mortes, bombardeios, execuções e vítimas, sobre meu cérebro repleto de traições e mentiras. Ouviam-se os gritos dos torturados ao se

* Guerra-relâmpago. Em alemão no original. (N. T.)

passar diante da Gestapo. Não se sabia de nada; as rádios mentiam, faziam-nos cantar hinos ignóbeis; os viajantes, raros, só falavam do seu terror.

Certa manhã, aos 11 anos, ignorante em Política, tive de enterrar colegas de classes ditas terminais, que se tinham matado uns aos outros na véspera, lutando dos dois lados da estrada nacional 113; uns, membros das milícias; os outros, da resistência. Durante a Liberação — quando uma guerra civil feroz estourou na França, e os mortos, novamente, abundavam nos campos e nas ruas, pessoas assassinadas pelas costas por vingança, frequentemente desconectadas do conflito —, nós soubemos da *Shoah*,* de Nagasaki, de Dresden, de Hiroshima... Salváramos fugitivos, judeus, ciganos, mas, em relação ao número diluviano de cadáveres, eram migalhas.

Pois a Segunda Guerra Mundial mais o cortejo de suas ideologias causaram abomináveis matanças.

Passei fome nos colégios de minha adolescência, na condição de interno famélico tornado místico, certamente para me livrar dessas abominações e para crer ainda um pouco num outro mundo, diferente dessa planície prosaica recoberta de membros espalhados. Tive, então, de me converter, do mesmo modo que meu pai em Verdun, por motivos análogos. Carregarei enquanto viver duas chagas profundas demais para não mostrarem cicatrizes: a desses sofrimentos, que sempre me fazem chorar, e a dessa maravilhosa cura, pela qual eu continuo reconhecido.

---

* Holocausto. Em hebraico no original. (N. T.)

Saindo rapaz daquelas prisões para jovens que chamavam de colégios internos, onde sofríamos fisicamente pelo menos tanto quanto os condenados, tive, navegando pela Royale, novamente de guerrear: na incursão em Suez, durante a nacionalização do canal por Nasser, e no último dos conflitos de além-mar, o da Argélia.

Porque as guerras coloniais também foram abomináveis matanças.

Encerrei minha formação infantil em Mers el-Kebir, para onde levei meu derradeiro navio, depois de enfrentarmos o mar no nível 10 e sermos dados como desaparecidos durante duas semanas pelo Almirantado. Sobrevivemos ao que eu chamarei de minha entrada na sobrevida. Sim, desde então eu tenho sobrevivido a mim mesmo.

Depois de sua existência, de resto banal, o autor deste livro deve apresentar seu corpo, igualmente comum, ao leitor. Minhas canelas, das minhas plantas dos pés até as panturrilhas, coxas e regiões poplíteas, meus joelhos, sexo e nádegas, o tronco inteiro, da bacia à cintura escapular, umbigo e mediastino inclusos, dos bíceps e punhos até as unhas, minha nuca, os cabelos que me restam, meu rosto e suas rugas, tudo, minha pele e meus ossos, músculos e neurônios, tudo, insisto, todo o visível denso de minha aparência, tudo o que, de longe ou de perto, leva meu nome, todo esse ser é constituído de guerra. Carne e cara esculpidas em guerra, besta alimentada por guerra, memória negra de guerra, gestos, emoções e sentimentos de guerra, fome e soluços de guerra, súplicas, explosões de choro e de piedade, derramar incessante de lágrimas. Choro há sete décadas. Jamais conseguirei parar de chorar.

Entrego aqui o livro de minhas lágrimas.

Escorregadia, emaranhada, espalhada, expandida, difundida, semeada nas mínimas partes de meu corpo de lamentável imploração, silenciosa, dinâmica, discreta, transbordante, eficaz, luminosa, eufórica, minha alma inteira está saturada pela alegria da paz.

Entrego aqui o livro de minha alma.

Naturalmente, quando me entrego a essas confissões não tenho pretensões à objetividade supostamente científica. Sofri demais com essas coisas para adquirir, ainda que tarde, frieza suficiente para elaborar uma obra racional. Aqui, leitor, você perceberá, de forma casual, um relato subjetivo combinando reflexão, que espero profunda, com um elemento que, com honestidade, reconhece sua atitude limitada, relativa, passional, dolorosa, pessoal. Sim, odeio a guerra, por que ocultar isso?

No fundo, porém, que tenho eu para transmitir às gerações que se seguem a mim senão essa experiência, cujo conteúdo vívido não jaz nos livros, liberados pelo advento de uma Europa sem guerra, excepcionalmente na História e, quanto à moral, misericordiosamente?

Entrego aqui um livro desses relatos.

Segundo dia

Meus filhos e netos, que jamais conheceram uma guerra, minhas alunas ou alunos... elegeram para a Casa Branca os Srs. George Bush e em breve, talvez, Barack Obama; Nicolas Sarkozy para o Palácio do Eliseu; Tony Blair antes de Gordon Brown, Primeiros-Ministros na Grã-Bretanha; a Sra. Angela Merkel na Alemanha; Berlusconi, Romano Prodi na Itália; Aznar e Zapatero na Espanha...

O que essa lista sugere de estranho, excepcional, único na história ocidental, pelo menos a que eu lembro? Nela, nunca chefes de Estado governaram sem conhecer em vida conflito armado em seu território. Admiramos pela primeira vez uma bela leva de jovens dirigindo seus países, intocados pela guerra. São os primeiros virgens da paz conduzidos ao poder.

Jovens de ambos os sexos, ei-los no topo, sem ter de suportar algumas pesadas condições, outrora carregadas nos ombros de seus antecessores. Mesmo imediatos, os Primeiros-Ministros recentes da Alemanha, na França Mitterand e Chirac, a Rainha Elisabeth II na Inglaterra... conheceram a guerra. Não me recordo, na História, de nenhum chefe de governo sem experiência alguma de enfrentamento bélico. Todos se portavam, real ou supostamente, pouco ou muito, como responsáveis por exércitos e homens de Estado simultaneamente. Daí uma tautologia, antiga como nossa história: a guerra faz o Estado e o Estado faz a guerra.

O leitor informado consegue selecionar tranquilamente, na lista precedente, os jovens inexperientes que decidiram, contudo, fazer a guerra; o que se seguiu mostrou que eles não sabiam o que faziam.

Peço que um historiador mais competente do que eu cite um intervalo de uns sessenta anos, no âmbito da Europa dita de Schengen,* durante o qual algum chefe não tenha enviado seus jovens para o massacre.

Recordemos. Triunfos, vitórias, *Te Deum*, sinos das catedrais... Alexandre e Júlio César, Epaminondas e o faraó, os Juízes da Bíblia e Agamenon, Aquiles, Luís XIV e Clemenceau, os Homens ilustres de Plutarco, Carlos Magno e Rolando de Roncevaux, os conselhos de guerra de Maquiavel, Napoleão e Bismarck, Stálin e Hitler... Nossa infância, cultura, memória no sentido amplo, mesmo o nosso humanismo... não cessaram de sugar o sangue daquele seio, do heroísmo nas batalhas, dos povos correndo para a matança, dos comunicados, à noite, de derrotas inimigas, tudo isso acompanhado pelo choro de viúvas sobre as tumbas daqueles que os antigos designavam deuses. Novidade na história ocidental, os tempos contemporâneos veem, sem realmente enxergá-los, chefes e cidadãos virgens de combate. Transcorrida uma história duríssima, que suavidade repentina! Sim, eis-vos suaves perante uma velha vida dura: a minha.

Entrego aqui um livro de atualidade jornalística única.

* Compreende os 25 países da atual União Europeia pelo Tratado de Schengen. (N. T.)

Terceiro dia

Eu não podia, no que vai se seguir, limitar-me a essas recordações pessoais que nada têm de raro: infantis, não heroicas. A contragosto, eu deveria empreender trabalhos de história. Ora, duvido de minha aptidão para essa disciplina, por várias razões.

Primeiro porque envelheci vendo-a mudar de ideia, de teoria, de julgamento... sobre dez acontecimentos capitais ou secundários, diversas vezes, e às vezes para dizer o contrário; tal ou qual ideologia dominante permite, certamente, conquistar cargos universitários ou a glória, pela mídia. Mas, que eu saiba, o mesmo vale para todas as áreas do saber, incluindo as ciências exatas. Isso nada revela sobre seu valor enquanto aproximação da verdade. Vejo-me perdido, contudo, entre essas vicissitudes. Não consigo escapar delas. Em segundo lugar, como se pode fazer história de tudo, e como há efetivamente história de tudo, essa disciplina nunca pode ser falseada. Inquieto com essa liberdade indeterminada do verdadeiro, eu me perco nela pela segunda vez.

Para meu presente propósito, por fim, li uma centena de relações dos conflitos a que acabo de me referir, sem que nenhum deles evoque qualquer lembrança que tenha podido conservar. Vejo que tudo se passa como se esses livros se referissem a acontecimentos dos quais não tenho memória alguma. Mas, aqui também, recortes do mesmo gênero situam os fatos ao longo do tempo e nos desviam, para finalmente tratar deles de verdade.

Malgrado minhas incompetências e essa tríplice dúvida, nenhuma definição nem esclarecimento valem se não passarem pelas mil hesitações, erros ou tentativas que o porvir arrasta. Com isso, será que eu me forço a entregar um livro, se não de historiador, pelo menos de testemunha? Em última análise, não. Não publico, aqui, documento histórico.

Exceto por um detalhe. Nossas novas capacidades de construção, exploração, destruição, aliadas ao nosso crescimento populacional e à violência arcaica e comum, arrastaram-nos, hoje, a um ponto, a uma extremidade inesperada no tempo em que essa eficácia recente de nossos saberes, técnicas, enfim, de nossos poderes, encontra e transforma o destino global dos seres humanos, a evolução das espécies vivas e o estado do planeta. Se a Grande Narrativa responde à velha pergunta: de onde viemos?, eu quis responder, aqui, a uma outra, raramente feita: por onde passamos?

Acabei então datando nosso presente, calculando, designando, descrevendo o momento preciso e decisivo que vivemos hoje. Ei-lo: pela primeira vez convergem, nesse ponto, nossa história cultural, *milenar*, a cronologia hominal, *milionária*, a evolução dos seres vivos e a física da Terra, ambas *bilionárias*... instante de tal novidade, que nos mantemos ainda cegos a seu advento.

Essa encruzilhada é por mim descrita mais uma vez: desenvolvidas ao longo de nossa curta história, nossas atuais capacidades se defrontam e provocam a bifurcação da evolução mais do que lenta dos seres vivos assim como do tempo, mais longo, dos equilíbrios elementares do Mundo. Confluindo violentamente essas duas durações, o fluxo de nossa história se transforma no de nossa hominização. Ao mudar o Mundo, nós mudamos. O curto-circuito desses quatro tempos misturados provocará uma catástrofe ou nos conduzirá a uma consciência superaguçada de nossa nova Hominescência. Essa última esperança, que é a minha, pode parecer utópica, a utopia designando aqui o que não possui lugar no espaço. Na extensão, com efeito, as coisas, presentes, são reconhecidas. Mas aí se trata dos tempos, onde esta conjugação imprevisível ata os da História, da hominização, da evolução das espécies e da física planetária. Marcando a data presente, esse polo policromático jamais ocorreu; desde que o Mundo funciona, ele jamais se apresentou. Insensíveis a essa data tão estranha, não a percebemos.

Contudo, acabamos de construir um permutador com quatro imensas vias, recombinando suas temporalidades diferentemente ritmadas. O fluxo da História despeja suas águas, rápidas, naquelas, lentas, da hominização, e naquelas, mais estranhas, da evolução e da cosmogonia. Vivemos, pensamos e agimos hoje... em face do Homem, da Vida e do Mundo, cujas três antigas abstrações se concretizam conjuntamente nessa e por essa confluência dos tempos.

Nossos atos e pensamentos, nossos projetos, responsabilidades... acabaram de entrar, repentinamente, numa escala de tempo tal, que as atividades sôfregas apresentadas como *novas* pelo espetáculo político-midiático tornam-se insignificantes, obsoletas, irrisórias... em todo caso, defasadas com relação a uma realidade de tal intensidade, de tal riqueza, de tal dimensão, que lhe voltamos as costas.

Eu deveria então discorrer sobre História? Não. Curto, seu tempo parece hoje célere demais ante nossas responsabilidades. As questões de guerra e violência, aqui tratadas, levaram-me, portanto, a calcular essa data presente, a delinear seu ponto, a precisar essa referência segundo a qual nossas ações devem, daqui para a frente, orientar-se, definir-se, decidir-se.

A velocidade da História acaba de mudar; pelo menos de *tempo*.*

Quarto dia

Em meio a tratados mil vezes mais bem-compilados, o meu não teria interesse algum se não se interessasse, da perspectiva de um filósofo, por uma definição clara da guerra: como compreendê-la, onde e quando emerge, por que ela assumiu tal e tal forma, pelo menos em nossas culturas ocidentais e desde nossa Antiguidade, e, por consequência, sua evolução ao longo, justamente, de nossas eras.

Além disso, sobretudo, quando e por que ela acaba, em data recente, por ser substituída paulatinamente pelo que se chama, desde a Revolução Francesa e de forma singular durante o período do Terror, terrorismo. Esse nascimento, essa progressão, esse sumiço, pareceram-me inseparáveis de noções jurídicas. O direito, rigorosamente, clarifica o que se tornou a guerra, e sua ausência lança e define o terror. Como instituição de direito, a guerra se declara, oficialmente, e acaba em tratado ou armistício entre ambas as partes; quanto ao terrorismo, quer emane de Estados, quer de partidos ou indivíduos, propaga-se como conjunto de atos de não direito.

Eis por que, malgrado incompetências outras, entrego aqui, pela terceira vez, depois de *Le Contrat naturel* e *Le Mal propre*, um livro de filosofia do direito.

---

* Tempo no sentido musical, ritmo. Empréstimo do italiano para o francês, grifado no original. (N. T.)

Quinto dia

Para redigi-lo apropriadamente, recorro não somente à minha experiência ou à História, mas também a Hobbes, a Rousseau, filósofos do direito, ou a tratados especiais como os de Maquiavel, Vauban ou Clausewitz, e, ainda e sobretudo, a textos que costumo achar mais concretos, claros, profundos e explícitos do que os precedentes porque mais comprometidos com narrativas precisas, embora às vezes imaginários: os da literatura.

Tito Lívio ou a Bíblia me guiaram, além de Homero, Hesíodo ou a epopeia de Gilgamesh, os antigos hebreus, gregos ou romanos, mas, sobretudo, mais próximo a nós, algumas tragédias de Corneille, *Horácio* ou *Átila*... Frequentemente desprezado pelos teóricos, seu imaginário pareceu-me, porém, muitas vezes, aprofundar-se para a verdade antropológica mais do que muitos documentos históricos ou filosóficos. Penso há muito que os detalhes da narrativa esclarecem mais e melhor do que a mediação do conceito; quanto mais experiência se adquire com a idade, mais cresce a admiração pela literatura.

Peço, enfim, que o leitor não se escandalize se eu me referir ocasionalmente a condutas ordinariamente seguidas nos esportes de equipe, em encontros que, no silêncio de todo texto, oral ou escrito, mas sob clamores loucos, parecem-me mais esclarecedores sobre a estratégia e a arbitragem do que muitas obras eruditas ininteligíveis.

Entrego aqui, portanto, o mais orgulhosamente possível, um livro de anedotas, transcritas ou gritadas.

Sexto dia

Tudo o que precede não teria, repito, interesse algum se meu propósito não se voltasse ao porvir. Nem a História, nem minha medíocre memória, nem minhas especulações filosóficas, literárias ou jurídicas valeriam qualquer coisa se eu não tentasse aprender com elas para decidir aquilo que resta para amanhã e a partir de hoje. Que fazer? É a única pergunta digna de preocupação.

Ante os perigos reais que corremos, que decisão tomar, que conduta adotar, que organizações construir, sobre o que nos apoiarmos para responder a essas questões? Tento trazer uma resposta simples, local e global, a interrogações que muitas vezes angustiam nossos contemporâneos. A filosofia não vale uma hora de sofrimento se ela não antecipar, pouco ou muito, um futuro pelo qual somos responsáveis, tanto quanto pelos nossos netos.

Entrego aqui, portanto, um livro-testamento.

Expandindo a perspectiva que acabo de restringir, dirigindo-a a mim, à minha época e na direção de meus sucessores, a história multimilenar do direito da guerra e do não direito do terrorismo acaba entrando, ao modo de um fragmento, assumindo também um sentido, naquilo que já chamei de Grande Narrativa, cuja extensão nos situa diante da e na responsabilidade pela hominização.

Se, desaparecendo o direito, a guerra termina; se o império do não direito inaugura definitivamente o terrorismo; se, então, adentramos período desprotegido, que se poderia nomear apocalipse, de onde virá a proteção, se vier?

Entrego aqui um livro de utopia, concreta, se ouso dizer.

Ela define, de forma paradoxal, e com derradeira violência, esta proteção inevitável contra a violência que denomino, justamente, a guerra mundial, a única digna desse nome, a guerra que a Humanidade, desde sua emergência, trava contra o Mundo, e que devemos, com urgência, regular, exatamente no direito. A guerra que chamo mundial nos protegerá dos perigos que corremos nos enfrentamentos humanos, civis, nacionais, tribais? A guerra contra o Mundo nos protegerá contra as guerras entre os homens? Quando o barco afunda, os marujos continuam lutando uns contra os outros, ainda mais inexistindo bote salva-vidas a bordo? Eis minha utopia.

Entrego aqui o manual de bordo para a evacuação do navio.

Domingos e feriados

Mais uma vez, um livro pessoal: desde esses seis dias caóticos de cólera, autobiográficos, históricos, hominais... jurei pela não violência. Tendo entrado na escola naval com menos de 18 anos, dela me demiti ao ver canhões e torpedos; explico e me desculpo aqui mesmo. A cada sessão de tiro, no exército, sempre agi de tal modo que minha arma, embora em perfeito estado, travava; nunca apertei um gatilho. Eleito para a Academia francesa, recuso o porte da espada.

Marcado pela guerra e pelo abandono, nunca levantei o punho contra ninguém, nem para me defender, pois essa razão defensiva me parece pretexto para brigar melhor, acabando por destruir e matar. Odeio qualquer concorrência e deixo o rival passar; declino qualquer poder; prefiro sofrer a desencadear conflito ou polêmica. Só gosto das palavras desarmadas.

Consequentemente, passo por imbecil. Que confunde os dias úteis com as efemérides, raras.

Livro em tempos diversos

Redigi este livro seguindo, o quanto pude, o ritmo dessa primeira semana de destruição mais seu dia festivo em paz. Espero que o leitor sinta tanta alegria quanto eu ao seguir as pausas ou tempos, diversos e misturados, aos quais obedeci para permanecer fiel ao meu intento. Do mesmo modo que, nessa semana, com durações caóticas, eu ora aperto a perspectiva contra meu corpo e alma marcados para sempre, ora a amplio para a Grande Narrativa do Mundo, dos bichos e da hominização, ora detenho-me nos momentos contemporâneos, estreitos, em que me obrigo a reler narrativas de antecessores mais inteligentes do que eu. Não me restrinjo a uma linha de investigação única, que considero convencional e abstrata. Essa orquestração múltipla, heterogênea, multicolorida... de dias, com durações sincopadas, parece-me, ao contrário, o próprio tempo da vida: o meu, o seu, o de nossas sociedades históricas, do mundo real e da Humanidade futura, sua respiração.

Entrego um livro com ritmos misturados.

O único tema deste livro: a matança

Aqui não trato jamais da guerra pelo ângulo das táticas, mais ou menos geniais, com vistas a matar; nem pela abordagem dos políticos ou chancelarias, mais ou menos refinadas, antes de levar a matar; nem da *Realpolitik* e das relações de forças entre nações, para impeli-las a matar; nem das mil ideologias diversas, pretextos para passar ao ato de matar; nem dos combates em que se mata em massa.

Ele trata unicamente da matança.

A guerra pode ser definida, de modo completamente tautológico, como organização da matança. Todo o resto, estratégias, diplomacia, teorias e outros refinamentos, universalmente celebrados, reduz-se a sublimações para esconder, enterrar no local mais recôndito de sua história, o fato de que a Humanidade ama matar e busca matar. Meu ponto de vista, meu interesse, minha paixão visam falar tão somente do verdadeiro núcleo duro dos conflitos, a matança.

Pena de morte coletiva magna que sonhamos abolir.

Primeiro. Erguidos dentre os bichos, eretos e observando com o olhar, eis, para sobreviver, caçar, comer, dormir, proteger-nos, nossa lei universal e natural: *mata*.

Segundo. Abalados por querigma sagrado que creio universal: *mata*, em sacrifício.

Terceiro. Subitamente, de modo complementar e inverso, ante as religiões santas, a lei, os tribunais, a justiça: *não matarás*.

Quarto. Inversamente, de novo, e com certeza ainda de maneira universal, recebemos todos, e de todos nossos grupos, a autorização legal para o assassinato: *mata o inimigo*. Pior, achamo-nos obrigados a fazê-lo, sob risco de sermos condenados por deserção ou covardia; ademais, depois de mil massacres na fornalha das batalhas, alguns medrosos grisalhos e frios, sãos, condecoravam os sobreviventes, feridos, com medalhas e os tratavam de heróis. Com que direito o coletivo nos isenta da santa obrigação de não matar? Com que direito ele nos reconduz ao estado de bicho? Que há nele de criminoso?

Quinto. Retornando à vida civil, uma nova e última inversão exortava a *não matar*, sob penalidades previstas na lei.

Como, seguindo-se a tais contradições, como, dizia, não matar sem jamais regressar ao estado natural dos animais que matam ou ao estado legal de militares ou militantes que matam?

Sexto. E como definir, ademais, um crime de guerra, já que a guerra permite o crime, e que o crime é passível, depois de um processo, de pesada sanção?

Sétimo. Ou melhor, o que é um crime contra a Humanidade, dado que a Humanidade em grupo pratica, desde que tenho lembranças culturais, tais contradições sobre a autorização ou proibição da referida matança?

Matar ou não matar, aí repousa a questão do livro.

Leitores que entre vocês, educados no Ocidente virgem de guerra há sessenta anos, desejasse matar, gostaria de matar, encontraria algum deleite, algum orgulho, alguma honra em matar?

Aconteça o que aconteça, leitor, não mate. Assim você viverá a segunda semana, a da criação.

Rixa

Num bar de marinheiros, nos cais de Hamburgo, Brest ou Bordeaux. Um submarino britânico acaba de atracar; a tripulação, em terra, a maioria na sexta cerveja, frequenta o *L'Ancre de Miséricorde*, quando os marinheiros de porta-aviões outrora soviético, atracado com quatro amarras do outro lado da baía, se demoram ante sua falsa vodca, lado a lado com os primeiros, tranquilamente, entre os odores, a fumaça opaca e o ruído de talheres.

Uma caneca entornada, um punho roçando um cabelo, o pompom do boné de marinheiro tocado próximo demais — quem sabe quem começa? —, mas o diabo também os espicaçando, um cabo-mecânico embarcado em Liverpool parece atacar um mestre de manobras de Arkhangelsk, que, cambaleante há muito, cai quase sozinho. Imediatamente, dois outros mestres de manobras do convés de decolagem defendem a citada vítima, empurrando rudemente o referido cabo, que rola, por sua vez, com a cara nas bitucas e nos detritos. Vendo isso, um trio de Bournemouth, atarracado, agride, com punhos e joelhos, russos e ucranianos, que recebem o reforço imediato de 4 tchuvaches, 5 praticantes de luta livre e 6 boxeadores contra 11 brigões, 12 ruivos contra 13 louros e logo todos os frequentadores do botequim estão se enfrentando. Com cadeiras e bonés voando, escutam-se golpes, corpos caindo, gemidos... sangue nos queixos e orelhas... até a chegada da polícia portuária, que desce de seis pequenos furgões para controlar a briga, manejando elegantemente alguns eficazes porretes. Todos na prisão, Netuno encontrará seus filhos.

Tendo eu mesmo desembarcado de um navio de escolta de esquadra da Royale, atracada ali para exercício antissubmarino das marinhas da Europa, estando, portanto, presente, por sorte, no bar, embora um pouco menos bêbado, pude filmar, da origem ao desfecho jurídico, o grandioso e teatral acontecimento. À guisa de introdução, proponho projetar as sequências na tela de suas imaginações, mas em sentido inverso.

Eis o outro cenário.

Verso e anverso

Desde as primeiras investidas da batalha, desfilando de trás para a frente, do seu fim, portanto, mas aqui, desde o início, vocês veem numerosos marinheiros — 64, depois 32, em seguida 16 — afastarem-se dos golpes e retomarem seus lugares nas banquetas, diante da enseada, passando a olhar os outros baterem-se. Anteriormente excitados, ei-los agora cada vez mais tranquilos, contentes, é certo, de beber, mas logo de contar, rindo, os pontos marcados nessa disputa internacional. Alguns minutos depois, outros, oito talvez, abandonam a rixa, retomando, acalmados, seus tamboretes, cotovelos sobre o zinco, pesados, paquidérmicos, sonolentos; lá eles reencontram os companheiros, já à mesa diante do espetáculo, como nós nesta virtual sala.

Do caos confuso, agora espetáculo e representação para os antigos contendores, continuam, com o tempo, uma ou outra escaramuça localizada, e, depois, à medida que o filme transcorre, um quarteto se desfaz, em seguida um trio, enfim o duelo principal entre o cabo e o mestre de manobras. Última imagem: o pompom, os cabelos acariciados.

Aproximando-me do fim do filme, ou seja, do início da rixa, já que tudo passa de trás para a frente, diminuo a velocidade da projeção para ver o que aparece na volta do filme: à agressão de três contra três segue-se, lentamente, a de dois contra dois, enfim, um contra o outro... copo final-primordial, pompons direitos nos bonés, desenlace feliz.

Dilúvio

Essa dupla narrativa, do começo para o fim e depois ao inverso, comporta uma parte normal e outra milagrosa.

A primeira parte, banal, não surpreende ninguém: a briga começa; não importa como e, para dizer a verdade, por quase nada; depois se desenvolve por si, cresce, chega aos extremos sem obstáculo. Esse crescimento, nós vemos e vivemos em todo lugar, na família, no pátio de recreio, nas praças públicas, nos estádios, durante eleições, entre os cavalheiros e entre os desordeiros, em meio aos doutos e aos ignorantes, e, primitivamente, na epopeia de Gilgamesh, nos mitos gregos e hindus, em nossa Bíblia, com o nome de Dilúvio. Acham-se mil reproduções mais recentes, até em Júlio Verne, em seu *Eterno Adão*, no qual sua cheia submerge o planeta inteiro.

Enojados para sempre dos vícios humanos, Zeus aqui, Iavé acolá, decidem suprimir sua raça ou gênero. Mas preservando um resto. As águas sobem, alagam a paisagem, a inundação recobre as terras emersas, enfim todo o globo. Flutuando acima do tumulto em sua arca, Noé, patriarca, salvaguarda aquele resto, alguns animais, alguns parentes...

Essa barca, esse banco de depósitos ou de dados, anula-se desde as primeiras palavras do Gênesis, em que o sopro divino flutua solitário sobre as águas: nada mais, nem mais ninguém. Esse primeiro dilúvio erradica tudo: bichos, plantas, mulheres. Outra versão desse primeiro dilúvio, de Agatha Christie: os *Dez Negrinhos*, isolados em sua ilha, cortada do continente pela tempestade — modelo reduzido do planeta —, erradicam-se mutuamente, com alegria. Mais nada, ninguém mais. Para que o Mundo ressurja, seria necessária mais uma semana inteira — ela passará pela primeira... — de criação. Para chegar a algo equivalente, minha abertura acrescenta aos dias comuns os domingos e feriados.

Três teoremas magnos regulam nossa violência: a fúria assassina começa com um nada; cresce ilimitadamente; ameaça erradicar a espécie humana. Carregamos conosco esse terror primitivo, que se poderia dizer inconsciente; nossa espécie carrega em si a angústia desse fim.

A violência parece se expandir de maneira tão humanamente inexorável quanto a maneira como a atração ou a entropia submetem o Mundo à sua necessidade. Como se às vezes o coletivo seguisse o mesmo tipo de lei que o objetivo.

À segunda parte da narrativa, projetada de trás para a frente, chamo de miraculosa, pois viola as três leis que acabo de enunciar: ela inverte sua necessidade. Reverter a cheia da violência parece tão difícil quanto os famosos motos contínuos implícitos na impossível desobediência às duas leis precitadas. Contudo, só devemos nossa sobrevivência a essa inversão.

Pergunta: como realizá-la? Quem pode baixar as águas do Dilúvio? Uma primeira resposta: a polícia portuária, saindo bruscamente dos pequenos furgões, depois do alerta do dono do estabelecimento, que buscava parar a quebradeira; a violência legítima, portanto, diante da qual os brigões param imediatamente de se golpear. Mas a solução apenas repete a questão: somente a violência detém a violência. Não deixamos o círculo vicioso de sua repetição, acorrentados em seu crescimento.

Violência sem dúvida, de fato, mas legítima, de direito. A sociedade habilita a polícia a colocar todos na cadeia. Legal e respeitada por todos, em suma, arbitrando os conflitos, a justiça adota uma espécie de força. Voltaremos ao assunto.

Repito pois minha pergunta: quem pode baixar as águas desse dilúvio que ameaça recobrir tudo?

O Dilúvio

Demoremo-nos um momento sobre suas águas. Uma pomba portadora de ramo de oliveira e o arco-íris anunciando uma aliança, um contrato ou a paz, mostra bem que no Gênesis a cheia fora extremamente violenta. Descrevendo a elevação extrema, Clausewitz nada inventa que não esteja consignado imemorialmente.

Mas quem enviou o pássaro, quem desfraldou as sete cores no horizonte? Aos sobreviventes, pareceu ter sido Jeová. Que telefonema enviou à briga do *L'Ancre de Miséricorde* os seis furgões de polícia? E o que aconteceria ao bairro, ao porto, à cidade, ao país... na falta dos porretes?

A imagem do Dilúvio — que se pode também, por que não, interpretar nos termos geofísicos de transgressões marítimas devidas a algum degelo, até como resultado, consequente a sismo brusco no Bósforo ou, atrás de Mármara, no nível dos Dardanelos, quando o mar Mediterrâneo, diversas vezes esvaziado, se enchesse novamente... ou mesmo em termos de epidemia tornando não potáveis as águas dos riachos, fontes e pântanos, deixando sobreviver apenas os raros gênios que tiveram a ideia de beber chá fervente, cerveja ou vinho fermentados... —, o Dilúvio, como dizia, não se limita a alguns livros santos.

Deverei retornar posteriormente a *Horácio*, tragédia de Pierre Corneille. No ato IV, cena 5, Camila enche de insultos seu irmão, que acaba de assassinar — legalmente, segundo a violência legítima, em nome e a serviço de Roma — seu noivo. Célebres, essas imprecações dão a exata medida da escalada de violência durante o linchamento da Cidade que a irmã evoca e deseja ao gritar sua vingança:

Possam todos os seus vizinhos, mancomunados
Minar suas bases ainda malconsolidadas!
E se a Itália toda não bastar,
Que o Oriente, contra ela, ao Ocidente se alie!
Que cem povos unidos das extremidades do Universo
*Passem para destruí-la, os montes e os mares!**

* *Puissent tous ses voisins, ensemble conjurés/ Saper ses fondements encore mal assurés!/ Et si ce n'est assez de toute l'Italie,/ Que l'Orient, contre elle, à l'Occident s'allie!/ Que cent peuples unis des bouts de l'univers/ Passent pour la détruire et les monts et les mers!*

Vizinhos, Itália, Oriente, Ocidente, populações do Universo... O acréscimo continua... até cair em Roma um dilúvio de fogo. Não se poderia descrever melhor a cheia irresistível com seu transbordamento final. *Urbi et orbi*, erradicação da Cidade Eterna, da soberana e de seu universo.

De maneira mais complacente, se possível, o mesmo Corneille descreve a mesma dinâmica de violência em uma tragédia, final e genial, tolamente menosprezada, *Átila*, cuja construção e dinâmica são simétricas a *Horácio*, apresentado o mesmo pentágono, rigoroso e geométrico, de personagens, homens e mulheres, reis e princesas, ligados pelas mesmas relações de ódio, terror e amor, salvo pelo fato de que a violência, longe de ter sido dominada como o foi próximo à fundação de Roma, irá, pelo contrário, até o fim, agora capitaneada pelas explosões de cólera do tirano huno.

Chamado de O Flagelo de Deus, ele enuncia, no último ato, tema e variações sobre três dilúvios:

Mas quando à Sua fúria [Deus] entrega o Universo
Ela tem, para cada tempo, dilúvios diversos.
Outrora, de toda parte elevando a maré,
Sob dilúvio de águas Ele arrasou o Mundo;
Sua mão mantém de reserva um dilúvio de fogos
Para o momento final de nossos últimos descendentes;
E meu braço, do qual Ele faz hoje seu trovão,
*Com um dilúvio de sangue cobre para Ele a Terra.**

* *Mais quand à sa fureur [Dieu] livre l'univers/ Elle a, pour chaque temps, des déluges divers./ Jadis, de toutes parts faisant regorger l'onde,/ Sous un déluge d'eaux il abîma le monde;/ Sa main tient en reserve un déluge de feux/ Pour le dernier moment*

Quem então pode parar o dilúvio de fogos acendido por Camila, mais acima, e esse triplo flagelo de águas, sangue e fogos, disseminado por Átila, Flagelo de Deus, mais abaixo? O próprio Deus, talvez; a Morte, seguramente. Horácio mata sua irmã, assim que ela acaba de falar; Átila expira de sangramento no nariz: afoga-se e sufoca em seu fluido vital, em seu dilúvio pessoal.

Como vimos, somente a morte e a violência podem conter os aumentos de violência e morte. Isso é mais tautologia do que resposta; mais aceleração do que freio; Dilúvio sobre Dilúvio. Existe uma solução diferente desse autoarrebatamento?

Analisei longamente, no final do livro consagrado a Zola, o canto XXI da *Ilíada*, em que Aquiles, enfurecido como de costume, enfrenta o Xanto, rio amarelo-avermelhado, ou o Escamandro, repleto de cadáveres, mortos por sua mão selvagem. Esses rios enchem, ameaçando até a vida do herói, com água pelo pescoço, suplicando aos deuses, enfim. Como na Bíblia, ele apela então ao sagrado.

Isso me lembra a guerra siberiana entre brancos e bolcheviques: na derrota primaveril, os rios dessas altas latitudes, cujos gelos hibernais, em suas massas translúcidas, opacas, esverdeadas, ocultavam seus segredos mortais, soltando tantos corpos que mal se enxergava a água, escarlate e suja. Quando criança, vira isso no Garona, durante o período de piracema das alosas: em cardume, seus dorsos prateados, com nadadeiras verticais aguçadas, tornavam invisível a vivacidade superficial da

de nos derniers neveux;/ Et mon bras dont il fait aujourd'hui son tonerre,/ D'un déluge de sang couvre pour lui la terre.

corrente. Não consigo, enfim, evocar todas essas cenas diluvianas sem sentir a lembrança vívida, perturbadora, maravilhada, patética e angustiada, das grandiosas inundações do meu Garona paterno e dos heroísmos necessários à minha família marinheira; sinto-me herdeiro de ao menos dois tipos de dilúvio, de água e de sangue: aqueles, torrenciais, do rio do meu primeiro trabalho, de minha primeira e bem-amada profissão, e aqueles que arrastavam em massa os conflitos contemporâneos. A maré de refugiados desembarcava nas margens alcançadas pelas cheias fluviais. Completei, depois, a tripla experiência de Átila assistindo a terremotos arrasadores e a erupções vulcânicas. Digo isso para que o leitor saiba não se tratar aqui apenas de citar livros ou mitos: vivi isso, sei do que falo.

O que eu quero dizer então é que, seguindo-se à cena atroz, francamente genocida, ressaltada no final da *Ilíada*, só restava a Ulisses, astuto, embarcar, do mesmo modo que Noé, com marinheiros fieis, mais alguns víveres para subsistência. A *Odisseia* continua a *Ilíada* como o Dilúvio o Gênesis. Os marujos de Ítaca, sobreviventes da atroz guerra de Troia, navegam as águas da violência interminável pelo menos durante tanto tempo quanto as do Mediterrâneo, que se tornam tão terrificantes, sobretudo no inverno: também tenho experiência pessoal e recordação a respeito.

Quando o assassinato ameaça invadir o Mundo, quando Aquiles dementes reinam, espada em punho, sobre os homens e o Universo, quando a peste mata em Florença... melhor refugiar-se em um navio, construir uma arca em que se possa flutuar entre as águas assim liberadas, ou então achar um jardim, acima das alturas submersas, para contar, a alguns e longamente, histórias como aquela sobre uma ilha onde eu, naufragado, andrajoso, encontraria Nausicaa brincando de bola na praia com suas companheiras...

Descobríamos sempre, meu irmão e eu, algum vestígio de trilha, poupada pela cheia, para jogar calmamente futebol, nas férias escolares. Enfim surda aos horrores da guerra, nossa fraternidade amena substituía os bofetões do recreio. Qual Nausicaa se apiedará de mim?

História

Estou contando mitos, recordações, jogos nos quais vocês mal creem; por que não passar àquilo que historiadores e jornalistas chamam, com a seriedade mais cômica, teatro das operações?

Da batalha de Bouvines, dos assédios organizados por Vauban em que, em meio à carnificina insana, ele tentava poupar numerosas vidas humanas — certamente porque os mercenários custavam tão caro que John Law, mais tarde, sugeriu, por economia, pagá-los e não, dispendiosamente, deixá-los morrer em combate — ou, ainda, guerras cujos trajes guerreiros eram zombados por parecerem rendados... até as carnificinas revolucionárias em Valmy, e aos pretensos sucessos geniais de Napoleão, em que o próprio Bonaparte, visitando a planície coberta de mortos e de feridos que gritavam, afirmava, rindo, que uma noite em Paris repararia "isso", dessa abominação, como eu dizia, da batalha de Solferino, em que, apiedando-se — acho que eu teria vomitado — ante o fedor dos 40 mil cadáveres, Henri Dunant fundou a Cruz Vermelha; o que houve, se não crescente elevação do número de vítimas? De algumas dezenas àquelas centenas de milhares. Mas, quando chegaram a metralhadora, os bombardeios aéreos e as armas atômicas, passamos recentemente, do modo mais racional — contando os resultados massivos das ideologias —, a uma boa centena de milhões. Ademais, devo, sem dúvida, relativizar esse crescimento com o aumento demográfico mundial.

Com isso, o Dilúvio não parece mito... tornando-se, no caso, realidade carnal sinistra. Objetiva: ela ocorreu. Coletiva: as mais cultas, sábias, artísticas, humanistas... das nações participaram dela. Cognitiva: os cientistas mais avançados realizaram na área feitos nobelizáveis e letais.

Enfim, subjetiva: eu sobrevivi. Sim, no turbilhão dessa inundação louca eu passei o infernal paraíso dos amores infantis. As inundações do rio Garona acompanhavam com águas turvas as de sangue humano. Eu as via vermelhas.

Acreditávamos, claro, que as batalhas diziam respeito aos soldados da frente de batalha. As sirenes perpétuas nos persuadiram de que esse contrato datava de uma pré-história contemporânea de Rousseau, que não queria que as guerras matassem civis. Londres, Caen, Clermont-Ferrand, Brest, antes de Dresden e Nagasaki, foram, consequentemente, a punição deles por não vestirem uniforme. Jean-Jacques, destaco, já queria que, quando desarmados, mesmo os militares fossem poupados. As ruínas das cidades se amontoaram bem longe da frente de combate. A cheia não atingia mais os recrutas, mas as mulheres, crianças e velhos indefesos e fracos.

Crescimento das armas, cada vez mais eficazes, até a chamada destruição em massa; crescimento dos combatentes, cada vez mais numerosos; crescimento dos locais, e isso, ó fanfarronice, até as estrelas — cuja distância conhece assim a essência do projeto humano; crescimento dos civis envolvidos, inocentes e despreparados; crescimentos, em suma, tão múltiplos que o Dilúvio invadiu tudo.

A Bíblia expressa perfeitamente o que vivi. Fraca, a História conta, de fato, o que a tradição, o mito ou o querigma dizem, de maneira precisa e profunda, iluminando desde o início nossa sombria antropologia.

Luta e representação

Então, quando passo meu filme de trás para a frente, obtenho dois resultados que ignorava estarem tão intimamente ligados. Primeiramente, baixa o número de combatentes, de trinta a vinte, depois três e dois... Mas o que fazem, efetivamente, os outros? Retornam a seus assentos respectivos e, bebendo cerveja ou vodca, contemplam as façanhas dos que continuam lutando. Assistem à luta, ao enfrentamento, à disputa, enfim, à representação.

Não só as águas retrocedem, baixa a cheia, esfria a violência, mas também nasce o espetáculo. Eis a origem da tragédia, que Nietzsche buscou sem encontrar. A representação começa quando a violência anda rumo à sua estiagem, quando diminui o número de participantes. Que ela sirva de catarse ou de expurgo se torna uma simples tautologia. Melhor: os que continuam a rixa *representam* as tripulações respectivas do porta-aviões russo ou do submarino britânico. Os representantes executam a representação. Duplo benefício: a batalha diminui, o teatro emerge. Bem que se diz: teatro das operações.

Eis por que respeito as tragédias de Corneille.

Deixar crescer a violência ou fazer baixar sua cheia, eis a questão. A isso respondi apenas com um artifício: filmar, projetar o filme de trás para a frente.

Contudo, novamente, quem ou o que disporá de força, de autoridade, de prestígio, para reverter o movimento? Por enquanto, encontrei apenas o sagrado, citado aqui, com a Bíblia ou os mitos latinos, gregos, índios ou acadianos. Não seria necessário avaliar, então, por qual milagre ele pode fazer baixar a violência?

Antes de entrar nas religiões, porém, avento a hipótese de que todas as histórias que pude ler sobre as origens dos grupos e sociedades começam, exatamente, invertidas; melhor, só podem INICIAR PELO FIM.

Os bois de Gerião

Ao redigir, há algumas décadas, meu livro sobre a Fundação de Roma, deparei-me tolamente com o roubo, por um certo Caco, dos bois já roubados, por Hércules, de um tal Gerião. Deslumbrado por sua magnificência, observando por outro lado que Héracles, esgotado, roncava sobre a grama crescida, sua maça também adormecida por perto, o pastor Caco conduziu as mais belas cabeças para dentro de sua própria caverna. No entanto, por astúcia, puxou-os pela cauda para que os rastros dos cascos se apresentassem ao buscador virados, enganando-o assim. Pergunta: o que essa trapaça de roubo faz em meio à genealogia dos lobos, vestais e reis? Apenas hoje descubro a resposta: exatamente o que fazem o mito na História ou o pequeno relato de detalhe circunstancial na grandiosidade da pompa: trazer verdade!

Esse boato nada mais dizia que, para entrar na caverna, na caixa preta, rumo à estranha obscuridade primordial, convinha retroceder. Essas marcas de passos entram lá? Não, elas saem dali, no sentido oposto. Foi necessário que, vinte anos depois, eu inventasse essa história de marujos para que eu compreendesse, enfim, a indispensável inversão de sentido quando se trata das origens. Para um grupo se constituir, é preciso, evidentemente, reverter o crescimento da violência, senão ele se autodestruiria antes. A violência está, decerto, na origem, mas é contraprodutiva. Diluviana e destrutiva, ela erradica e suprime.

O neandertal desapareceu: eis uma primeira origem, como o primeiro dilúvio. Com qual violência esse *Homo* se defrontou? Com a sua, com a alheia? Não importa. Sua erradicação me parece, hoje, a lei comum. O *sapiens*, ao contrário, permaneceu: eis uma segunda origem, mas paradoxal, miraculosa, portanto, a entender no sentido inverso. Onde e como ele encontrou uma arca?

Deucalião e Pirra

Um mito grego me parece a síntese originária entre a destruição diluviana e o movimento inverso dos bois de Gerião ou o de Horácio, que veremos fugindo, voltando, ele também, os calcanhares.

Perdidos em vícios, os homens da Idade do Bronze pereceram nas águas enviadas, diz esse mito, por Zeus. Noés helênicos, Deucalião e Pirra a Ruiva construíram um cofre, uma arca, na qual flutuaram, eles também, nove dias e nove noites. Abordando os cumes da Tessália, como o outro o monte Ararat, desembarcaram quando as águas baixaram. Então, Hermes, vindo visitar o casal naufragado, propôs-lhes que realizassem seus desejos: um desejava companheiras, como eu; a outra, companheiros. Para repovoar a Terra, Zeus lhes disse para jogarem por cima do ombro, de TRÁS, os ossos de sua mãe, a Terra; eles compreenderam tratar-se de pedras e assim as lançaram. Nas costas de Pirra a Ruiva, nova Eva, nasceram mulheres; e atrás de Deucalião, outro Adão, os homens. A nova humanidade se ergueu em seus dorsos. Eu os vejo cegos, como fui, a esse movimento invertido.

A violência dissimula a origem dos seres humanos. Diante da guerra, a morte; atrás dela, a sobrevivência. Não se trata de tautologia. Em certo sentido, o Dilúvio sobe, de onde nada resta; se os seres humanos renascem, eles só podem fazê-lo no sentido inverso: a lição de uma origem invertida não se desmente.

Filosofia, antropologia, ciência e outras teorias

Em outras palavras, quando Hobbes, Rousseau e outros dizem que os coletivos passam da guerra de todos contra todos (*bellum omnium contra omnes*) para o contrato que os fundamenta, jamais compreendemos — tampouco eles — como essa violência se apazigua suficientemente para que se chegue às discussões que permitem um acordo e, portanto, a sobrevivência desses coletivos.

Da violência aberta não resulta a paz; do caos não emerge a ordem; do extremismo não nasce o acordo. É necessário inverter as coisas. Começar do fim do filme, filmado no botequim; ao inverso das pegadas deixadas pelos bois roubados, por Caco, no dizer de um Tito Lívio tão cego quanto eu o fui; ao contrário do neandertal; contarei então a história de Horácio — do *sapiens*? — partindo de subtrações sucessivas, fugindo, e retorno. A segunda história do meu bar de marinheiros.

Que inversão de sentido seria preciso descobrir para compreender a passagem da barreira de Planck para o Big Bang, essa distância quase infinitamente breve durante a qual as leis físicas não funcionam? Será que funcionam ao contrário, como se dá com os bovinos pré-latinos e as tragédias romanas?

Guerra

Retorno à admiração que mantenho desde a infância pela tragédia *Horácio.* No episódio final de minha história de marujos, vocês reconheceram, pelo menos nos números e sem risco de erro, a obra-prima de Corneille. Três Horácios contra três Curiácios, um contra três, contra dois, enfim, o derradeiro massacrando a última vítima. Vitória de Roma, morte dos albanos, ao modo de Tito Lívio. Não mais cerveja, heroísmo; não mais marujos, seis clones de armadura, com sabres e escudos; não mais britânicos e russos do pós-guerra, mas atores à antiga declamando alexandrinos em saiotes de couro, do tipo matinês clássicas para antigos adolescentes, na Comédie-Française.

Horácio, *tragédia romana de Corneille*

Pergunta: como se explica o fato de que uma peça do repertório conta o fim extremo do meu filme passado de trás para a frente? No botequim, víamos a briga estender-se recrutando número crescente de voluntários, atingidos por epidemia de propagação rápida, semelhante ao pânico. Se eu reverter seu desenrolar, então os participantes progressivamente se desinteressam da rixa e, ó surpresa, a batalha se transforma, como já disse, em representação, ou melhor, nessa representação específica, em cinco atos versificados. Nova pergunta: quem, para colocá-los em cena, detém o poder de reverter o sentido das referidas sequências?

Horácio *ou a dupla origem*

Minha admiração pela peça de Corneille deriva do fato de exprimir maravilhosamente, melhor do que uma fina teoria, uma narrativa viva da dupla origem: a pior, exterminadora; e a melhor, a que nos preservou.

A melhor, primeiro, em grande parte não dita pela História ou pela Filosofia. Alba e Roma, duas aldeias, chegam a se combater, ignoramos por que, ou melhor, sabemos até demais: por nada, pela irresistível paixão de matar. Multidão contra multidão, todos contra todos, primeiro: anciãos, mulheres, crianças, cães, galos, carneiros, bodes e touros... Se e quando o movimento de retrocesso se esboça, essas populações inteiras se retiram da luta, deixando espaço para um exército; o mesmo que já vemos, mobilizado, sob as muralhas, de onde Júlia, observadora apressada, rápida mensageira, repassa às mulheres trancadas as notícias do combate. Para que haja exército, para que ele se alinhe para a batalha, é indispensável que, formado, o tivessem (?) substituído à guerra de todos contra todos, referida por Hobbes e Rousseau sem jamais especificarem seus efeitos finais.

Essa substituição, realmente primitiva, passa despercebida na obra dos dois filósofos. Inaugurais, contudo, esse ato e esse momento são decisivos. Trata-se de limitação inicial de violência e, portanto, de salvaguarda primária essencial. Caso contrário, a rixa entre cidades poderia exterminar todos: o combate teria cessado por falta de combatentes. Os Dez Negrinhos esvaziam sua ilha.

A substituição da população inteira pelo exército, ao contrário, protege-a dessa erradicação que encerraria a referida guerra de todos contra todos, para a qual esse crescimento automático e natural de violência configurando o Dilúvio conduziria. Quando ambos os exércitos, o de Roma e o de Alba, enfrentam-se, essa origem já ocorreu. No início era a guerra.

Autobiografia, 1

Quando, durante minha juventude compulsiva, eu me demiti da Escola Naval, movido pelo que se chamava na época objeção de consciência, enganei-me, confesso, ao confundir o exercício da violência com a existência do exército. Esse, não inventa nem consuma a violência, limita-a. Ele só faz combaterem adultos jovens, homens, antigamente mercenários, voluntários outrora, alistados na época... excluindo dos combates eventuais os anciãos, mulheres e crianças, deixados na fazenda com os galos ou no Capitólio com os gansos; quanto a Júlia, curiosa atrás das muralhas e encarregada de relatar as notícias às cunhadas, presas em casa pela lei masculina, mostra, junto às duas outras Graças, que ela não participa das rixas.

A própria existência de uma coorte, esquadra, esquadrilha... pressupõe que o movimento que chamo de inverso já tenha começado. Um árbitro, cujo nome, poder e função desconheço, deteve a cheia, até a seca desses armamentos instituídos, dessas instituições armadas. É preciso então, ao modo dos bois roubados por Caco, retroceder mais, em direção à caixa preta das verdadeiras origens. Havendo duas, crescente e decrescente, qual delas?

Uma das duas origens, salvadora

No primeiro livro de sua *História de Roma*, Tito Lívio, que conta, de fato, a vitória final de um Horácio, romano, contra três Curiácios, albanos, e Corneille, que aí se inspira, nada mais fazem, creio, do que projetar invertido outro filme de marujos.

Se o exército já se constitui apenas de homens jovens sadios, excluindo, como acabo de dizer, as mulheres e as crianças primeiro, o movimento que detém as duas facções, antes mesmo de se atracarem, levando os dois reis a decidirem só chamar duplamente três heróis, prolonga, de forma estrita, no sentido analítico, a subtração inicial. Alba inteira contra toda Roma primeiramente; em seguida, o exército de uma contra o exército da outra; três albanos, chamados Curiácios, contra três Horácios, romanos, combatem agora, logicamente, quero dizer, seguindo a mesma evolução, três contra um, depois, um contra um, terminando com vencedor único. Visualizamos isso voltando bem o filme do *L'Ancre de Miséricorde*. O desenrolar apaixonante do combate apenas encerra um processo retrógrado que nos conduz à verdadeira origem.

A segunda origem, mortal

Eis agora, portanto, a que oferece os perigos precitados da erradicação total. A primeira origem, a que acabo de contar ao inverso, deixa Noé flutuar, com sua arca, sobre as águas do Dilúvio que invadiram a Terra inteira. O patriarca — ou Deus? — subtraiu do Mundo, ele também, representantes de espécies; por meio desse resto, tudo pode começar, ou, pelo menos, recomeçar. E, igualmente sobreviventes, Deucalião e Pirra jogarão, por detrás, suas pedras. Malnomeada, pelo menos em grego, a Arca não representa começo, mas fortificação, dedução, desfalque, desconto, como o das mulheres e crianças abandonando o exército.

A segunda origem, em ordem natural, nada deixa — nenhuma espécie, representante, bicho, nem planta, nem mulher, nem homem. Nela, a semana de destruição se desenvolve até o fim. Então, solitário, o espírito de Deus flutua sobre as águas. Depois será necessária, ao menos, uma divindade todo-poderosa, ou seja, um belo milagre, exatamente *ex nihilo* — e sabemos agora de onde provém esse nada —, para que tudo comece, em uma semana, supostamente original, de criação, mas segunda pela ordem.

Ora, o precioso gênio de Corneille bem viu o perigo diluviano de um tempo que corria no sentido natural. Melhor do que Tito Lívio, ele percebe isso duas vezes. Pois, em um momento precedente, calado pelo historiador, mas descrito na tragédia, inflama-se a cólera popular — "os dois campos se amotinam" —, o povo coloca em risco a autoridade: "A presença dos chefes é malrespeitada,/ Seu poder é duvidoso, sua voz mal é escutada;/ O próprio rei se surpreende [...]".* *Turba ruit*: a turba desordenada se precipita. Novamente, a população inteira entra no processo de violência. Acalmado e afastado pelas instituições real e militar, o movimento de crescimento recomeça. Descreverei o segundo depois.

Ante esse perigo maior, Túlio Hostílio, rei de Roma, assim chamado porque, decerto, já organizou o exército — será que encontramos o árbitro? —, ordena que todos juntos, as cidades e ele, relatem aos deuses a respeito; ele comanda um sacrifício. O sagrado suspende, temporariamente, a violência. Esperávamos com impaciência esse primeiro resultado, essa primeira resposta à pergunta: quem pode deter a cheia? A evolução invertida pressupunha resolvido o problema; é preciso vê-la desenvolver-se na ordem natural, para tentar descobrir como ela para, se e quando ela para, arriscando-se, evidentemente, a terrível morte coletiva. O processo, então, vai dessas ameaças contra o rei ao desvio do linchamento provável em direção ao religioso.

De passagem, vemos resolver-se, anexa mas paralela, a questão da realeza: Túlio Hostílio deve sua coroa ao sacrifício que ele decide e todos aprovam. Ou a violência popular o lincha, e ei-lo vítima ou sacrificado; ou a derivação dessa mesma violência contra outra vítima — filha de Jefté e Agamenon,

* "La présence des chefs à peine respectée,/ Leur pouvoir est douteux, leur voix mal écoutée;/ Le roi même s'étonne [...]."

ambos reis, justamente; em suma, algum bode expiatório... — o promove a rei. Na condição de árbitro, como disse.

Voltemos à origem. Assim que o oráculo dos deuses confirma a escolha dos três soldados, o combate recomeça imediatamente. Essas duas cenas — a violência e o sacro — respondem à minha pergunta e fornecem um eixo para o giro do direito rumo ao seu avesso?

Intermédio: religião, direito, duro e suave

Esse poder estranho do sacro é consagrado em nossa história com o nome de poder espiritual? De onde este último retira a força para deter uma cheia, que no entanto é irresistível? Esse poder não deve encontrar contrapoder.

O poder dito temporal, o da violência, sempre encontra oposições, aquelas que, precisamente, alimentam indefinidamente o dilúvio. Opor-se a uma violência com outra, simétrica, resulta em adição, multiplicação às vezes. Sem parada, a dialética referida acaba erradicada. Era necessário então encontrar ao menos outro poder que não suscitasse reação. Quando se define o Estado ou as instituições políticas enquanto monopólios da violência legítima, associam-se os dois poderes, temporal, violento, e espiritual, legal.

O último assume dupla configuração: religiosa, do sacrifício ordenado por Túlio Hostílio para deter a crise do furor popular; mas também a do tribunal, ao qual comparecerá o herói, assassino da irmã, no fim da tragédia. Trataremos disso mais adiante.

Paradoxo: à violência *dura*, ira, raiva, bico e garras, sabres, lanças, sangue e cadáveres... apenas o *doce*, o suave resiste: querigma, verbo, julgamento, detenção, sentença, veredicto, condicional... A suavidade do querigma nasce da dureza sacrifical?

Guerra de todos contra todos

Antes de chegarmos a essa estranheza, retorno à história prévia. Antes mesmo que os exércitos entrem em cena, em Corneille, ou em campanha, em Tito Lívio, as aldeias, Roma e Alba, combatiam-se, população inteira contra a inteira população, guerra de toda uma cidade contra toda a cidade vizinha. Trata-se do estado original, descrito por Hobbes e Rousseau, do qual não sabemos ao certo, e esses filósofos tão pouco quanto qualquer um, como os coletivos humanos puderam, detendo-o, livrar-se dele? Aí reside a questão — a da guerra antiga, a que busco definir, a relatada, representada, a, também as, sobretudo, que é vivida hoje: como começa essa guerra e como se faz para sair dela?

Diga-se de passagem, Tito Lívio antes evita a questão; que ele conte antes uma história — uma pré-história — de lobos e lobas, de uma vestal Rea Sílvia, mãe selvagem... para remeter esse estado primitivo a antes mesmo da fundação de Roma, um pouco como remetemos a antes da barreira de Planck tudo o que nossa física não sabe dizer sobre a origem do universo. Intuo que, desde sua primeira linha, todo o cultural, todo o policial, direito e política, já se encontram lá, realeza inclusa. Que nós só podemos, portanto, perceber o que se passa antes da fundação através da obscuridade do limiar conduzindo à floresta dos lobos. *Lá onde reina o não direito.*

Ora, o direito já está lá. Pois não se trata tampouco da guerra de que as duas populações tenham participado. Centuriões e legionários já estão regularmente armados. Já então, a guerra sempre existiu. Eis por que a cremos fatal, trans-histórica, sempre presente; eis por que Corneille, que deve de ter se colocado a questão prévia, pressupõe a estranha cena em que a ira popular explode em torno do rei, ameaçando sua autoridade. A tragédia também passa a cabeça por uma janela, para além do limiar, dentro da floresta dos lobos — o Louvre? — para aí observar a violência pura e livre de leis, detida apenas pelo sagrado.

De passagem, tenho vontade de dizer que essas velhas histórias de lobas e lobos não me parecem mais, já há muito, decorrer da pura selvageria; uma experiência, vaga ou ampla, da caça mostrou rapidamente a nossos ancestrais a que ponto de perfeição aqueles bichos ascendiam na organização de suas alcateias, de suas táticas e, diz-se também, de sua pedagogia. Como se certo direito existisse já e de novo nessa ascensão bestial. Nem Mogli nem os gêmeos romanos mamaram no caos. Contra essa confirmação, pela etologia e pela prática diária dos caçadores-coletores, esses mitos, contudo, parecem a ele se referir.

Falo agora por mim

Naquele tempo, portanto, naquele caos global originário em que aldeias inteiras se enfrentam, fartas de verem morrer anciãos, mulheres e crianças, temendo uma erradicação total, todos — mas, de novo, quais? — decidiram, naquelas eras anteriores ao mencionado limiar, abrir um espaço, o campo de batalha, bem delimitado — espaço sem dúvida, espécie de campo de Marte, mas também um período, uma data, em suma, disposições precisas e, atrevo-me a usar o termo, legais —, aberto apenas aos exércitos, numericamente limitados, recrutando apenas um sexo e uma faixa etária. Anciãos, mulheres e crianças, mais os doentes e os incapazes, assistirão, por sua vez, ao combate, sobre as muralhas ou além de seus limites, exatamente como assistindo a um espetáculo; de fato, como nós na tragédia *Horácio*, desenrolando-se aqui, no teatro ou na praça. Como se a propagação, já atingindo seu máximo e afetando a totalidade das duas cidades, fizesse meia-volta.

Nós também escolhemos, no teatro, atores que representem a ação, como os exércitos representam as duas cidades. Nossa história inteira começa de trás. Será que ela principia então pela invenção da guerra, com essa limitação, regrada, da violência desregrada? Sim.

Pois o recuo continua. Pois os próprios exércitos agora deixam o campo para seus três representantes. Recolhendo-se, ambos os exércitos se misturam aos habitantes, já espectadores da batalha armada. Retornam para as seteiras ou tribunas. O que acontece? Todos erguiam os punhos e se encurvavam, com a cabeça nos ombros, prontos para a luta; ora, ei-los agora de pé, cabeça elevada e livre, mãos na cintura. Eles se empurram para dar espaço às evoluções desimpedidas dos lutadores.

Substituição de pessoas, divisão da arena e do tempo de exibição: do campo de batalha ou de Marte, espaço do exército, no pequeno círculo do enfrentamento, no cercado dos representantes; início do combate prefixado. Atos, personagens, tempo e local: invenção da regra das três unidades.

O movimento se decompõe, pois os soldados, já naquela estranha época arcaica, foram escolhidos, selecionados, eleitos, nomeados os primeiros lutadores profissionais da praça da aldeia. A delegação, representação ou procuração... constrói-se durante várias distensões, o movimento completo da história dos três irmãos que se afastam buscando alcançar o fujão, atrás, mostra isso bem. O espetáculo ocorre com a mesma frequência no espetáculo.

Horácio retoma, tragicamente, a cena que Corneille já compusera na *Ilusão cômica*.

Os emissários e a origem da representação

Observem formar-se lentamente a origem da representação, História, comédia ou tragédia, narrativas sempre. Os exércitos representavam as cidades no campo de batalha; os três heróis, de cada lado, representam os exércitos num círculo mais reduzido; Horácio e Curiácio, *mano a mano*, representam enfim seus dois outros irmãos, mortos em cena; todos, exceto seis, não, dois, assistem a uma representação; nós assistimos a nós mesmos na representação. Eis a origem da tragédia como espetáculo. Eis a origem dos atores trágicos, isto é, das substituições ou das procurações, com Jeanne Durand e Paul Dupont, da Comédie-Française, representando Camila e Curiácio. Em grego, a cena designava a tenda em que os atores se escondiam para se despir, mudar de disfarce, aparência ou papel: local da substituição, troca, representação.

Essa dinâmica lança ou seleciona múltiplos emissários. O termo francês *émissaire* tem sentidos múltiplos, por sua vez: vítima, vicário, representante, substituto, ator... Significativa, essa série de sinônimos passa do sacrifício à representação. *Horácio*, a tragédia de Corneille, mas também a tradição romana, relatada por Tito Lívio, exploram essa dinâmica, multiplicam os emissários e, com isso, desembocam na própria origem da tragédia... e na guerra enquanto origem. Como se a guerra se reduzisse, também, a uma espécie de representação em que cada exército representa a cidade ou a nação correspondente.

Sob pretexto de contar alguma história, uma obra genial pode remontar, por certo, à origem desta narrativa, mas, sobretudo, ela explora e explica a do próprio gênero da obra que o conta. Essa tragédia esclarece a origem da tragédia.

Volta ao botequim

Resumirei novamente minha história de botequim. Arruaceiro desalinhado, embriagado de vinho ou de ideias, um bom albano provoca um romano passando ou não lhe dando prioridade no cruzamento. Talvez também ele lhe tenha roubado a namorada. Eis os dois no chão. Gente começa a se juntar. Outro bom albano, passando, não tolera os golpes contra seu compatriota, que ele chama imediatamente de irmão. Ele voa em seu socorro. Mas um romano próximo não suporta a desigualdade da rixa e corre para prestar a fraternidade romana. Um terceiro albano... A briga, como se diz nos jornais, generaliza-se, as mulheres e as crianças puxando os lutadores pelas roupas. A violência e a guerra se propagam como a peste.

Que a câmera projete a sequência no sentido contrário, e essa propagação, que experimentamos tão frequentemente que nos parece natural, se reverta, transformando-se por filtragens sucessivas, com contingentes se desinteressando da batalha, exceto um subconjunto que, por sua vez, cede lugar e vez a alguns elementos, cada vez mais raros, chegando ao trio, depois aos dois indivíduos, em duelo residual: esse processo inverso aos enfrentamentos em massa se chama representação. No quádruplo sentido do lutador substituído, do espetáculo, da imaginação e do texto... capangadas, procurações, substituições, delegações sucessivas... representações ou teatro.

Ó surpresa, o espetáculo teria sido inventado simultaneamente à guerra? Ambos pressupõem, de fato, as mesmas limitações espaciais, temporais, numéricas, humanas... em breve, jurídicas. Os mesmos limites desenhados em torno da violência. Bem que se diz: teatro das operações.

Para curar a violência, dizia Aristóteles, é preciso participar do espetáculo. Certamente, já que pressupõe a interrupção da dinâmica de sua expansão, ou seja, a inversão da epidemia. Com isso, Tito Lívio e Corneille nos fazem compreender, pelo menos em ato, por que eles fazem passear o jovem Horácio, vencedor, vencido, primeiro, último, voltando-se duas vezes, para fugir e para lutar, para inverter o movimento de violência, para remontar no tempo, para separar, num sentido, o que o outro sentido unia. O filme intitulado *Horácio* se desenrola então, pelo menos nesse curto período, nos dois sentidos. Corneille, genial, trata bem as duas origens. Teremos confirmação disso mais adiante.

Modelo reduzido sem língua: o jogo de rugby

Quem reverte o sentido? Perguntava eu antes. Resposta: o árbitro. Seu apito prateado detém o movimento da partida: os jogadores imobilizam-se, levantam-se, mãos na cintura. O combate suspende seu curso durante o tempo morto. As palavras canonizadas dizem a verdade: o tempo morre, aqui, no estádio, onde se desenrolam os esportes coletivos, não morrendo nem os vencidos, nem as vítimas, nem os corpos. Alguns feridos leves apenas. Certo direito interrompe a violência ao parar o tempo, ao contrário do estúpido, bárbaro e pugnaz Josué. Aqui, na pradaria, alguém — resposta à pergunta recém-colocada: quem? — domina o tempo, o desenrolar, o sentido de propagação da onda eventualmente mortífera, o próprio espaço.

O árbitro, eu o chamo, portanto, por seu nome, congela o enfrentamento. Então um jogador, vestindo, digamos, o uniforme de Roma, eleva os braços diante de um adversário, que também levanta os braços, o de Alba, ambos reconhecíveis pelo número 2 na camisa; então dois outros, vestidos de azul ou verde, somente se distinguindo pelos números 1 e 3 às costas, passam as cabeças pelas axilas do primeiro. Os três contendores gêmeos, Curiácios e Horácios, tão fortemente ligados, arremetem de cabeça abaixada ao modo de pequenos bodes, uns sob os pescoços dos outros; melhor, dois parceiros, vindos por trás, dão cabeçadas nos flancos dos três primeiros; o processo aglutinante de epidemia ou de propagação começa, porém, encerrando-se em seguida, pois mais três Horácios e três Curiácios em frente correm para se apoiarem, na terceira linha, as cinco de frente: não prosseguiremos. O coletivo enfrenta o coletivo, ao modo de um único homem, chifre contra chifre. Assim o quiseram o direito e as regras que aqui o árbitro representa.

A briga assim ordenada, simultaneamente única e múltipla, evidenciando a lei de multiplicação e sua interrupção, recebeu em inglês o belo nome de *scrum*, onde se reconhece a palavra italiana para escaramuça, tática de guerra e vocábulo de teatro, Scaramouche. Tratei de escaramuça já diversas vezes, no botequim de marujos. Pode-se defini-la como compromisso local, opondo dois atiradores isolados ou pequeno destacamento de dois exércitos, emissários, digamos. Em terreno estreito, os oito de há pouco, unidos e unificados, contrapõem-se ao modo de bodes. Uma pequena parte do exército em formação de tartaruga, como se dizia em Roma quando alguns legionários ligavam seus escudos sobre suas cabeças, enfrenta, em luta preliminar, aqueles que, de maneira bastante feliz, são chamados de dianteiros. A escaramuça sempre ocorre como preliminar — ou substituição — ao combate geral.

Observem então a equipe: médios, defensores, de pé, mãos nos quadris, externos à escaramuça, postados bastante longe, observam o que o confronto provocará. Eles se juntaram aos espectadores. Os que se enfrentam agora ocupam o lugar dos Horácios e Curiácios, o restante da equipe, o dos dois exércitos; quanto a nós, nas tribunas, mulheres grávidas e anciãos tardiamente incapacitados para o jogo por causa de reumatismos artríticos, vindos das duas aldeias envolvidas, esperando tolamente que os nossos vencerão os outros. Fotografem a situação quando começa o conflito: então, delineia-se perfeitamente o equilíbrio dos círculos concêntricos de representação, de um lado — a equipe como emissária da cidade, e os dianteiros, por sua vez, os emissários, enviados ou representantes, vicários ou vítimas, da equipe e assim por diante, espetáculo dentro do espetáculo, Ilusão cômica —, e movimento aglutinante, inverso e dominado, de propagação, do outro.

Atenção, ele recomeça: o árbitro os solta, a bola sai da aglomeração de jogadores, o meia passa, a cavalaria se precipita, todos retornam ao jogo. A escaramuça se alastra, o gramado se inflama, todos correm e passam, a plateia se levanta e grita. Ao modo do bacilo da peste, a bola corre, começando consigo a epidemia de violência, exatamente como no *L'Ancre de Miséricorde*. A zona flutuante dos jogadores-espectadores oscila repentinamente de um papel a outro: atentos mas passivos, eles acompanhavam o combate individual, ei-los, ativos, no ardor da batalha: afastados, depois envolvidos; pacíficos, em seguida combativos. A propagação é retomada na sequência direta.

Espectadores do segundo círculo, nós, nas arquibancadas, separados, vemos — imitando Júlia atrás das muralhas — como em tela gigante a participação que consiste em entrar na partida ou, ao contrário, em extrair dela uma subpartida — levanto-me, emocionado grito, ou, inversamente, sento-me novamente, ao ouvir o apito do árbitro, apaziguado —, ao passo que esse fenômeno parece tão misterioso quando Aristóteles ou algum filósofo grandioso o conceituam e aplicam a público sentado, atento, instruído, em um teatro altamente cultivado. Aqui, sem fala, o entusiasmo passa sobre a multidão como a bola passa entre os combatentes, voando nos enfrentamentos da escaramuça. Retratem bem as três zonas: os convocados combatem de fato, corpo a corpo no primeiro grupo, centro, núcleo, cerne, garrafão no basquete ou ringue no boxe; o círculo intermediário passa ou não a bola, quase coisa, intermediário entre signo e objeto; uma onda de angústia ou de esperança segue esse semiobjeto, percorrendo a multidão circundante. A bola traduz, plenamente, a realidade do combate em sinal, ou a mobilização em emoção. Traduzindo a coisa em signo, transformando a energia alta em baixa, ela contém duplamente as duas. Couro duro mas signo suave.

De maneira mais geral, o espetáculo esportivo de rugby, três zonas inclusas, intermedeia a verdadeira guerra e a vida cotidiana. O domingo no estádio é catarse. Pode-se, ao modo dos doutos, chamar assim ao expurgo da violência ali realizado, sem linguagem, portanto bem eficazmente, pela ação mediata — o esporte coletivo — de uma população intermediária — a equipe — manipulando um meio — a bola — ante um mediador — o árbitro — em espaço intermédio — o campo —, no meio da tarde. A teologia chama justamente purgatório ou local de purga o meio termo entre inferno e paraíso. O local de participação desliza *entre*. A preposição *entre* marca a população de emissários. De quem, de que sou emissário ou substituto? Minha vida, meu pensamento se situam *entre*, também eles? Pés no chão, cabeça nas ideias, em meio a paraíso e inferno, um e zero, razão e desrazão, falso, verdadeiro, bem, mal, erro e verdade, puro e impuro, entre sofrimento e libertação... eu respiro e trabalho, durmo, sofro, amo, conheço, penso... no círculo fluido de misturas, em meio a semiobjetos, povoando o purgatório da interferência. Quão raramente julgamos, debatemos, dividimo-nos claramente, como diante de um tribunal?

Domingo pelo menos, no estádio, sem linguagem, tudo se torna simples e claro. Sob forte emoção e aos berros, contemplamos ali nossas origens coletivas.

Duro, suave: o pivô dos dois sentidos e o árbitro

Retomo a questão. Quando o filme se desenrola num sentido, vemos a propagação da violência, enquanto ele mostra, no outro, a delegação, a formação dos emissários, o nascimento do espetáculo ou da tragédia, a invenção legal do conflito, a descoberta das regras.

Em todos os casos, guerra, espetáculo ou jogo, vemos destacarem-se múltiplos emissários: aldeia, exército, lutadores; rugby de quinze, briga de oito, basquete de cinco, boxe um contra um.... Sustentando, em livro famoso, haver um único Horácio, Georges Dumézil intuiu a redução desses emissários múltiplos a um só: três contra três, um contra um, finalmente, um. Ele mata, é enviado ao tribunal. Corneille viu e descreveu perfeitamente o problema. Viu perfeitamente, sobretudo, a transição do duro ao suave, da violência armada ao pretório, da espada aos discursos de defesa.

Emergência legal da arbitragem.

A droga da questão: quem ganhará?

Os deuses ou o arbítrio decidiram. Roma ganha e Alba perde. Vitória. Os sinos tocam, os canhões troam, o povo eufórico canta e dança nas praças. Do outro lado da fronteira, a humilhação rumina, sombria, sua vingança. De lado a lado, porém, conta-se o mesmo número de mortos.

Quem ganhará? Ao passo que Pietro Aretino, o Aretino, em sua peça paralela, *A Horácia*, negligencia o combate de três, limitando-se ao assassinato da irmã e ao processo subsequente, decisão que fortalece minha tese, Corneille controla seu suspense ao fazer a mensageira anunciar, em meio à batalha, o sucesso dos Curiácios de Alba, antes de tomarmos conhecimento, ao inverso, do triunfo de Roma e de Horácio. Quem ganhará?

Quem ganhará? Os gregos de Agamenon ou os troianos de Heitor? Cantem então a *Ilíada*... Rolando ou os sarracenos? Ouçam então a *Canção* dele... Napoleão ou Wellington? Recitem Victor Hugo... Os vermelhos, os brancos ou os verdes? A esquerda ou a direita? Leiam o jornal... Paris ou Marseille? Manchester United ou a Juventus de Turim?... grudem-se à telinha. Ofegantes, esperamos a decisão. Quem ganhará?

Não se encontrou nada melhor, parece-me, do que essa pergunta para manter o suspense e inflamar o interesse. Os esportes de equipe substituem, sem texto, o teatro, ao construir um acontecimento vinculando a paixão apenas a essa questão. Sem texto: isso me faz duvidar dos valores das célebres narrativas que acabo de citar, ardentes desta *libido* do pertencimento.

Emprestando exclusivamente esse mecanismo, nossa sociedade do espetáculo nos faz segurar o fôlego, não deixando de manter a chama do enfrentamento, guerra, Bolsa, debates, concursos, exames, eleições, eliminações, alta e baixa nas pesquisas eleitorais... Quem ganhará? Gastamos mais tempo e dinheiro nas disputas das candidaturas do que nos anos de governo: o teatro, a partida, a briga... derrotam a realidade. Quem então ganhará?

Eis um de nossos principais narcóticos. Pouco nos importa tratar-se de conflitos, política, concorrência ou futebol, o essencial continua sendo saber rápido, rápido, quem ganhará em seguida, amanhã, no mês seguinte, nos próximos meses, nesta ou naquela representação ou prova olímpica... mesmo já sabendo o resultado: o mais rico. Dormimos inquietos todas as noites, continuamente. Quem nos acordará desse torpor acre? Decerto, não os interessados em reativar essa questão. Seu interesse financeiro não cessa de nos inculcar aquela vitória, aquela medalha... que a História, a cultura, a mídia... não param nunca de desvalorizar: avaliem a queda de qualidade, desde a *Ilíada* até chegar à tela de televisão.

O homem livre, doravante, aquele que pensa, decide, inventa e vive por si, alivia-se desse suspense. Ele sabe somente existirem hoje heróis de papel. Ele pratica e recomenda a abstenção da vitória.

O que se passa em Horácio?

Retomo a questão. Quem possui o poder de desenrolar o filme no sentido inverso àquele pelo qual a violência se expande no espaço, no tempo e na multidão como epidemia, quem tem o poder de controlá-la? Primeira resposta, mais acima: o sacro, o ritual, o sacrifício aos deuses...

O rei escapa do linchamento do qual poderia ter sido vítima, deslocando a violência aberta para a morte de outros viventes, em nome dele ou de outros. Interpretando a vontade dos imortais, ele arrebata o sacerdócio. A origem da realeza parte desta dupla função: vítima, vicário, sacerdote. O Capitólio, onde reinam os reis, não dista muito da Tarpeia, de onde são jogados os condenados.

Essa função sacrifical, original, estende-se por toda a tragédia: Sabina oferece sua vida; os Curiácios e os Horácios dão as suas; Camila, urrando contra seu irmão, precipita-se para a morte; todos aspiram ao sacrifício supremo. Todos se tornam bodes expiatórios possíveis, vítimas da violência, de onde quer que ela provenha; todos, possivelmente, sacerdotes ou reis; todos pais ou reis em estado embrionário, todos Túlio. Exceto o velho Horácio, que, sublime, teria desejado tanto que seu filho caçula morresse; direi em breve o porquê. A tragédia somente põe em cena *tragoi*: vítima primeiro, o herói, bem-nomeado, permanece semideus.

O que ocorre em *Horácio*? Melhor ainda: que sombra passa sobre os personagens de *Horácio*? A presença sombria, a aproximação da Morte.

Autobiografia, 2: o antigo reino da Morte

Há culturas no mundo, houve momentos de nossa história em que cada pessoa, mulher, criança, homem, ancião, sentia, talvez ainda sinta, atrás ou pesando sobre os ombros, a presença permanente da Morte.

A guerra, por certo, a fome, a doença, uma epidemia, baixa expectativa de vida, a suavidade diária de corpo delicado ante a dureza dos trabalhos e condições, uma política infame, enfim tal ou qual aventura, uma infelicidade, desespero amoroso, suicídio ou sacrifício... alimentavam, com sua incidência circunstancial, uma consciência humana proveniente dessa pregnância da Morte.

Ela pressiona, impele, impõe-se, reina. Ela edita os preceitos religiosos, as condutas morais, as regras do direito, medicina ineficaz e precipitada. Domina os reis, possui os sacerdotes, está acima dos juízes, pesa sobre as relações. Nada nem ninguém prevalece sobre ela, primordial, primeira. Quase dizia primeiro motor.

O homem trágico a carrega às costas em um saco que ele não consegue arrancar de sua pele. Esse fetiche clássico de dois corpos, humano e Morte, mudou nossos ancestrais e os que viveram essa hedionda colagem em seres próximos ao divino. A Antiguidade os chamou mortais, título que não significa que fossem morrer, igual a todo mundo, mas que seu corpo duplo, dual, cortado, colado, fedia à Morte, enquanto os deuses tiveram um dia a oportunidade de baixar seu saco; eles riam disso, no banquete de seu Olimpo. Nós, mortais, não parávamos de chorar. Nunca pude parar de chorar. Mas uma escala contínua ligava o ataque de riso inextinguível desses imortais a nossos soluços e súplicas, de modo que esse ruído de fundo preenchia o espaço do Mundo com uma lamentação em dueto, com uma litania em contraponto, com um moteto em duas vozes. O divino arcaico celebrava a Morte em duas versões da mesma religião.

Esse murmúrio lancinante, queixa, piedosa prece, duraram da fundação do Mundo à minha adolescência, onde deixamos aquele saco. Embora hoje cortados dele, se bem que livres, minhas costas, flancos e quadris ainda estão marcados; os suplícios da guerra e da fome enrijeceram meus músculos e articulações, curvaram-me para a terra e alagaram meu peito de lágrimas. Pertenço à raça derrubada do antigo divino. Assim, eu habito a Terra e o Céu, na escala do palmo. Tenho dificuldades para me levantar, relaxar, para construir minha casa aqui e agora.

O que aconteceu subitamente para que se tenha aliviado, talvez, até mesmo anulado, tal peso? Desde três gerações de fartura, higiene e paz, liberado até da sombra dessa soberana padroeira, o Ocidente corta o fetiche em dois farrapos. Não que tenhamos abandonado a Morte como fato; continuamos a morrer, mas nos alienamos de sua proximidade e motricidade. Jovem, ligeira, dançante, a parte livre esquece os antigos seres-à-Morte, não os compreende mais, rejeita-os, despreza-os até.

Como acreditamos que a consciência aguda dessa presença sombria definia o humano, essa mudança toca nossa essência. Houve então homens que a Morte persegue; mas outros se levantam, livres dela, afastados dela, como que mais independentes. O que dizer, então, desses neonatos? De sua consciência sem consciência permanente, vicinal, como que alucinada da Morte? De sua vida, privada dessa alimentação profusa e volúvel de guerras, fomes, epidemias, doenças, riscos... torrente que nutria incessantemente nossas velhas consciências? Essa catástrofe divide dois gêneros, separados por uma mutação. Teria eu conhecido duas espécies humanas, a trágica e a nova?

Tendo vivenciado essa muda, esse retrocesso da morte, acreditei ter subido a escada, e que os imortais me convidariam para rir e comer. Nem mesmo isso: os deuses e a escalada vertical que nos separava deles, mas que nos unia, desapareceram. Diz-se em todo lugar que é difícil acostumar-se com a derrota. Quem descreverá a dureza da passagem para tal vitória? Nos triunfos romanos, um escravo se colava ao corpo do general vencedor para lhe dizer no ouvido: não se esqueça de que você é mortal! Mesmo os imperadores, então, continuavam pequenos fetiches. Escravo, imperador... vivíamos todos ao modo de um dos mortais ou dos deuses. A Antiguidade ainda não esgotara suas devastações.

Ela acaba de parar. Choros de alegria. O homem novo não compreende mais o homem trágico, nem carrega consigo esse lago de lágrimas. Proclamo aqui o *Horácio* de uma infância removida. Descrevo tragédias tornadas ilegíveis. Berro contra a Morte, não partida, mas distante. Discorro sobre a guerra, a terminada. Fetiche rasgado, conseguirei habituar-me a deixar de chorar?

Alegria. Não somos mais mortais, pelo menos não nesse sentido vicinal e trágico. Mas que faremos, pensaremos, diremos, viveremos... sem a vizinhança cotidiana, sem a pregnância indefectível da Morte? Presente, é certo, mas distante. Sem a inquietação precipitada por um prazo que está para se esgotar, como amar? Quem dirá, o que dirá, o que fará o novo homem, livre dessa gêmea, dessa velha colagem? Quem, para nós, cumpriu a promessa, feita no início de nossa era, de que ressuscitaríamos, de algum modo? A festa da Páscoa acaba de irromper na História?

Teríamos nós levado dois milênios para abandonarmos esse ranço de Antiguidade? Essa liberação só fez a era moderna começar há menos de cinco décadas?

O sublime impele ao crime

Provando o que antecipo e definindo a guerra de outra maneira, retorno a *Horácio* e a um de seus ditos magnos. Só consigo ouvir o grito do velho Horácio, "Que ele morra!", como o ápice do sublime se eu pensar que ele exprimia o inverso do que o doutor Freud nos ensinou. Quanta surdez é preciso para não ouvir aí o assassinato do filho? Sai do corpo e da boca do ancião meio gagá a verdade pura, crua e nua. A de todas as guerras que causaram o horror sangrento chamado História. Novamente, o que é a guerra, se não uma autorização pedida por um ancião ignóbil a outro ancião, gêmeo seu, chefe da aldeia, do país, da equipe que está em frente: "Por favor, mate meus próprios filhos? Em troca, aceite que os meus massacrem os seus." Ao assinarem o tratado de paz, os dois compadres triunfaram esplendidamente: seus filhos repousam em cemitérios gigantes, em túmulos paralelos, interminavelmente. Nada além de irmãos Horácios e Curiácios a perder de vista. A Nação esculpirá estátuas de bronze em homenagem a esses pais ignóbeis e convencerá os jovens sobreviventes de que estes têm a intenção de matar seu pai. Assim foi ensinado nos anfiteatros e hospitais o dogma do assassínio do pai a milhares de estudantes, quando dezenas de milhões de filhos tombavam sobre o que os velhos ousavam chamar o campo de honra. Abominável mentira.

"Que ele morra!" Não consigo ouvir esse grito sem experimentar um inexprimível nojo, náusea que lembra, quando se pensa nisso, o sufocamento suscitado outrora por aquilo que, de Longin a Kant, meus antepassados chamaram sublime: o horror absoluto, a confissão de um ancião, entre os miseráveis que declararam guerra rejubilando-se em fazê-la por meio de seus filhos, para que eles se matem reciprocamente e não assumam as suas posições de poder e glória, quando, impotentes, fingem, genocidas, sacar a espada: "Ó velhice inimiga!", grita o outro, quando o inimigo, precisamente, se ergue diante do filho. "Que ele morra, responde o outro, não eu!" Dois caídos, já; que o terceiro se junte a eles!

Corneille descobre e anuncia o complexo de Horácio, o verdadeiro. O velho ignóbil canalha, que tantas gerações admiraram, quer matar todos os jovens de Roma; tão canalha quanto ele, seu gêmeo de Alba, igualmente velho, quer matar os jovens de Alba; assim fazem, fazem, fazem os chefes de Estado, generais ou estrategistas, os chamados decisores*... Aquiles, Agamenon, Brutus, Napoleão... Foch, Hitler, Stálin... É preciso que a Morte os impregne para criar votos semelhantes; é preciso que a Morte nos impregne para criar nossa serenidade ante aquele sublime? Que um povo enfim apaziguado derrube suas estátuas.

O velho Horácio fervoroso berrando seu "Que ele morra!" permite-me enfim redefinir, de modo preciso e exato, a guerra enquanto assassinato dos filhos. Onde o poder dos velhos assumiu esse direito de Morte? Eis aí, certamente, e de novo, uma subtração, vital para a sobrevivência do grupo. Quem não vê, porém, a ignóbil covardia dos beneficiários? Melhor, se eu partir da ética para a antropologia: em que inconsciente, pessoal ou coletivo, jaz a fonte de tal grito?

---

* Paródia de refrão de canção infantil francesa, *Ansi font, font, font, les petites marionettes...* (N. T.)

Origem e fundação

Novamente, o que se passa em *Horácio*? Resumo: o acontecimento primário, primitivo, necessariamente primeiro na História, a formação ou fundação de um grupo, vizinho à Morte. A origem começa e só pode começar quando advém o primeiro confronto; assume-se sua violência crescente ao contrário, para trás, na vazante... Então e somente então a Vida torna-se possível, e uma sequência temporal, aquilo mesmo que, ignorantes, chamamos a História. Do contrário, a cheia homicida produziria o Dilúvio, chegando-se assim aos limites da matança, à aniquilação do grupo e, talvez, da espécie humana. Da morte vicinal à morte global.

Contando o episódio primeiro dos Horácios, Tito Lívio, desde o início de sua *História de Roma*, e Corneille, depois dele, contam a duração em sentido inverso, do mesmo modo que os bois roubados por Caco andaram para trás. A representação dos lutadores e, já antes deles, a dos exércitos, limitam a violência. Para poder começar a contar a História, é necessário começar de trás para a frente.

Assim invertida, a história de Horácio possibilita a História de Roma. Ela inventa o direito e a guerra ordenada, para que Roma seja fundada, para que sua história possa começar, e depois continuar. Se não, nada. Se não, a ascensão da violência apaga qualquer rastro.

Horácio ou o herói antissimétrico originário; *Horácio* ou a fundação revertida do social.

Catarse

Ao longo dessa tragédia originária, e diferentemente do historiador, Corneille, repito, relata duas circunstâncias em que a violência retoma, flui de trás para a frente, no sentido crescente. Vimos as revoltas contra os dois reis flamejarem, de forma perigosa, no ato III; agora, as imprecações de Camila descrevem, em torno de Roma, vítima, e com aritmética precisa, a conjuração de suas localidades vizinhas, depois a da Itália inteira, seguida de aliança global do Oriente com o Ocidente, enfim, a contabilização de cem povos do universo provenientes dos montes e mares... a cheia então retorna duas vezes, perfeitamente contada, exatamente ritmada, precisamente medida, do local ao global até o dilúvio final, nas referidas imprecações.

Recordo-me das inundações do rio Garona; a elas se juntavam, com seu crescimento próprio, a montante, as do Tarn e do Aveyron, do Gers e do Ariège, e, a jusante, do Lot... Medíamos esses acréscimos em uma escala, instalada verticalmente na margem, comparável à numérica, escandida por Camila. As imprecações graduam-se. Detêm-na, primeiro, o sacrifício, no caso dos reis, e o assassinato de Camila, no linchamento mundial e diluviano da Cidade.

Essas duas circunstâncias, notadamente a última, evidenciando melhor a escalada, mostram a que ponto o autor da tragédia tinha consciência desses dois movimentos recíprocos, e como a história de Horácio, invertida, purgava o perigo de crescimento, sempre ameaçando retornar, aqui, ali, em circunstâncias imprevistas, ira popular, cólera de Camila. No sentido da cheia, a doença, o risco de Morte; no outro, o remédio ou a medicação, que os filósofos chamam catarse.

Do não direito ao direito: Robin Hood

A dinâmica da dupla origem, a "má", no sentido natural, voltando duas vezes, descontinuamente, na "boa", invertida, não basta para compreender verdadeiramente como dominar a violência. Longe de se estruturar assim, *Horácio* relata evolução única e contínua. Ei-la aqui.

Assumida por Túlio e, em parte, pelo velho Horácio, a função, religiosa e sagrada, real ou paterna, deriva em seguida, rapidamente, para a do árbitro; vítima virtual de possível linchamento, o rei ordena primeiro a liturgia do sacrifício e, depois, no quinto ato, julga e decide no tribunal. Ele reina, é certo, ele oficia, também, em meio a ritos, mas, enfim, dita leis.

Eis, sem dúvida, o ritmo da inversão, o sentido do processo em *Horácio* e, talvez até, em qualquer tragédia: tudo se encaminha para as regras e o direito. Como no rugby, tudo reflui para a arbitragem. Pois, sem lei, inexistiria História. Sem aquilo que os filósofos chamarão contrato, o grupo não se constitui. Tudo parte, por certo, da selvageria, entre os lobos e lobas dos bosques, mas nada partiria deles se cada uma devorasse cada um, se o direito não interviesse para reduzir a violência. Mas como começa o direito? Eis, ainda, a questão.

Eu contei alhures, a meu modo, a história dos bosques da região de Sherwood, local por excelência de não direito, como a floresta das lobas pré-romanas e de Rea Sílvia, espaços malditos onde se refugia, portanto, todo tipo de gente carregando sacos e cordas. Será que eles se matam? Ora, um dia, viajantes bastante corajosos para se arriscarem em local tão perigoso perceberam grupos vestidos de verde, como que uniformizados, comandados por chefe que os rumores nomeavam Robin Hood. Oximoro* cheio de sentido! Pois bosque designa, como acabo de dizer, local de não direito; quanto a Robin, esse nome descreve a toga do magistrado no tribunal... Robin Hood designa, literalmente, aquele que inventa, dita e faz respeitar a lei em local, justamente, do não direito. Eis o juiz, também conhecido como árbitro, também conhecido como direito.

O direito nasce do não direito.

Poder temporal, poder espiritual

Ele nasce primeiro por intermédio do sacrifício, que vimos intervir. Examinemos, de passagem, esse sagrado.

Quando Spinoza contrapõe o Profeta ao Rei, quando o Evangelho distingue Deus de César, quando nossa história põe em cena o Papa e o Imperador, o Pope e o Tzar, Luís XIV e Bossuet, Luís XV e os filósofos das Luzes... em suma, os titulares respectivos dos dois poderes, um duro, polícia e exército, o outro suave, rito e palavras, mais ou menos separados, mas inseparáveis — veja-se, por exemplo, como os políticos hoje não prescindem da mídia, que, por sua vez, não prescinde dos

* Robin Hood em francês é Robin des Bois [Robin dos Bosques]. Robin deriva de *robe* [vestido ou toga, em francês e em inglês]. (N. T.)

políticos, em círculo rápido cujo espetáculo fascina —, esquecemos a dinâmica recíproca em que, com o tempo, um produz o outro.

Júpiter reina em duas pessoas. A função régia e jovial ou joviana se desdobra. Túlio Hostílio, rei, chefe guerreiro, decide, como vimos, por um sacrifício; tem função sagrada: vítima primeiro, bode expiatório, se sobrevive; então, ordena as leis e decide segundo as regras. Nós, contemporâneos, diríamos que ele acumula os poderes espiritual e temporal.

Dura, a violência conduz ao sacro, que acaba ordenando as regras, suaves, que enquadram, em reciprocidade suave, a violência, dura. Qual instituição humana poderia prescindir do dualismo duro-suave, corpo e alma dos povos, cada polo se reforçando ou temperando mutuamente, às vezes se opondo, o qual pensamos, talvez, relacionar-se ocasionalmente a nosso próprio corpo e alma?

Tudo ocorre como se um originasse o outro e vice-versa, ao modo de um circuito retroalimentador. A violência crescente exige um quadro que, decrescentes ambos, ritos primeiro, o direito depois, podem construir. O justo e o poderoso misturam-se, menos opostos do que em um ciclo que eles próprios alimentam.

Volta ao sacro

Recomeçarei, para melhor compreender. Para terminar as revoltas, Túlio ordena sacrifícios: a morte das vítimas substitui a sua própria, em meio à cólera popular. Ora, quando Horácio mata sua irmã ao voltar do combate, todos entendem tratar-se de crime, e que é preciso conduzir o assassino ao tribunal real. Mas isso pressupõe direito já funcional. Ora, nesses tempos primordiais, duvido de sua existência e, portanto, de sua eficácia.

Vejo perfeitamente tratar-se ainda de sacrifício, humano especificamente. Horácio trata Camila de ímpia depois de imolá-la: suas imprecações passam por blasfêmia. Melhor, na própria luta entre os duas vezes três irmãos, em meio aos dois exércitos, decidida duas vezes entre os reis, vejo mais um sacrifício humano. Prova: o discurso do vencedor, no momento de acabar com o terceiro Curiácio:

"Acabo de imolar dois aos manes de meus irmãos;
Roma terá o último de meus três adversários,
É no seu interesse que o imolarei",
[...]
O albano perfurado de golpes mal se arrastava
E ao modo de vítima nos degraus do altar,
*Parecia expor sua garganta ao golpe mortal.**

A tragédia evoca os tempos arcaicos, a era originária — para nós, pré-abraâmica — durante os quais ainda se perpetravam sacrifícios humanos. Em que se matavam filhos, mulheres, crianças... A cultura, o próprio Homem derivam dessa idade

* *"J'en viens d'immoler deux aux manes de mes frères;/ Rome aura le dernier de mes trois adversaires,/ C'est à ses intérêts que je vais l'immoler",/ [...]/ L'Albain percé de coups ne se traînait qu'à peine/ Et comme une victime aux marches de l'autel,/ il semblait présenter sa gorge au coup mortel.*

ancestral, fabricando deuses sanguinários, essa época que evoquei há pouco, cuja duração alcançou minha adolescência. Lembro-me ainda do período, recaímos nele frequentemente. Trememos ante a tragédia em razão dessa lembrança, a essa tentação permanente de voltar a ser rato, praticando o assassinato intraespecífico, sob os gritos do velho Horácio. Como sair dessa abominação, tantas vezes reproduzida na televisão ou em jogos eletrônicos por nossa sociedade do espetáculo religando-se às religiões do sacrifício humano?

Assim, penetramos verdadeiramente o segredo do filme invertido. O sacrifício detém a escalada da violência. A tragédia, como seu nome indica, trata sempre do bode expiatório, desse *tragos* humano. Em *Horácio*, cada um se oferece à Morte, mulheres e homens propõem imolar-se. E o sacrifício acontece e até se propaga, esqueci de dizer antes: durante a revolta popular, quando Túlio ordena um sacrifício, ele não especifica nem o nome, nem a natureza da vítima; e, quase de imediato, retorna-se ao duelo fratricida; tudo acontece como se o próprio combate fosse sacrifício. Explanarei isso posteriormente, analisando o ordálio.

Encadeemos os fatos. Horácio mata Curiácio, na condição de herói; mata sua irmã, na condição de assassino. Ele mata com o mesmo gesto, no mesmo dia, no mesmo horário, seguindo o mesmo *furor.** Por certo ele mata, ele mata; sim, certamente o sacrifício humano se propaga... mas nós, espectadores, vemos em seus gestos, idênticos e sucessivos, primeiro uma conduta heroica, pela qual Roma inteira o felicita, elevando-o

* Em latim no original. (N.T.)

ao ápice das honrarias, mas em seguida um erro assassino, conduzindo-o diante de um júri. Estamos nesse ponto.

Então, o tribunal sucede ao sacrifício. Então, o direito sucede ao religioso. Então, o ato V de Corneille mostra que o autor compreendeu o que seus críticos jamais compreenderam: que toda a potência trágica, originariamente religiosa, encaminha-se para as regras jurídicas, próprias para conter, enquadrar a violência; ao menos suavizá-la, já que os argumentos e defesas contraditórios substituem o tilintar dos escudos e espadas.

A tragédia funciona ao modo de máquina para transformar o duro em suave: o campo de batalha em pretório, o sabre em discurso de defesa e a violência em direito, o temporal em espiritual.

Do sacrifício religioso ao processo: do ordálio

Interlúdio. O julgamento alemão, *Urteil*, veredicto, sentença, detenção... origina-se do francês medieval *ordalie* ou julgamento de Deus, provação pela água ou pelo fogo. Quem podia acreditar que submergir o acusado ou pôr a mão dele em braseiro proporcionava ou não prova de sua culpa ou inocência? Seu destino dependia de costumes tão bárbaros, que a Igreja e São Luís, rei da França, proibiram aquele uso.

Um desses costumes impunha o duelo judiciário, como aquele em que aconteceu o famoso golpe de Farnac. Diz-se frequentemente que o direito germânico introduziu esse uso nos países latinos, mas não percebo bem o que distingue esse enfrentamento daquele dos Horácios contra os Curiácios, ou mesmo entre Davi e Golias; nesses casos, também o vencedor tem razão. Conservados pelas altas classes, nobres e depois burguesas, sob a forma de duelo mundano do qual dez romances guardam a lembrança, esses usos, sob forma popular e esportiva, tornaram-se luta livre ou boxe. A diferença é que o ordálio ou o duelo judiciário preservam, no interior da justiça em devir, o traço do sacrifício ritual: transição, inesperada, entre o rito sacrifical e o direito. Horácio e talvez qualquer tragédia relatem exatamente essa mudança de fase. Ordálios, esses combates entre três irmãos; ordálio, esse assassinato da irmã; todos os ordálios voltados para o *Urteil* do último ato, o julgamento de direito.

Assistimos às disputas dos esportes coletivos como espetáculos. Ora, eu creio, junto com René Girard, que a representação trágica começa pelo linchamento em que um grupo inteiro participa da execução, do sacrifício de uma vítima, suspeita, nomeada bode expiatório ou, em grego, *tragos*. Que ela tenha o direito de se defender contra um representante dos acusadores, e o próprio grupo retrocede, formando o primeiro público desse novo espetáculo: aí estão o duelo judiciário, a luta livre ou o boxe, um contra um, Davi contra Golias, ou, se se trata de uma equipe contra outra, Curiácios contra Horácios; aí está então um primeiro confronto de esporte coletivo. Quando os discursos de defesa substituem os bofetões, a revolução se completa. Eis pois a passagem do sacrifício religioso ao direito, do rito ao processo, em que o julgamento, a detenção, a sentença... penalizam, decidem, ou, como se diz, discernem. Assim o ordálio passa a *Urteil*, julgamento.

Tudo se inverte: o direito freará, enquadrará, recobrirá... a violência das batalhas.

Sequência do interlúdio: o árbitro

Fora das regras, não há guerra, não há esporte. A lei e somente a lei faz, aqui, o jogo. Não que o encontro necessite de árbitro, este, ao contrário, cria, de todas as peças, aquela. Essa reviravolta vale por todos os encontros, individuais ou coletivos, sobretudo aqueles em que o engajamento físico se aproxima da violência máxima. Vale para a tragédia *Horácio*, que, como já disse várias vezes, desenrola-se de trás para a frente, e na qual o último ato deve ser entendido como o primeiro, como a própria condição de toda a sua narrativa.

De maneira inversa, na rua, à noite, diante da porta das boates... qualquer um pode dar um golpe qualquer mais violento, pelas costas, e matar; ou recebê-lo e, por mais forte e ágil que se considere, morrer dele. Isso se assemelha ao terrorismo, a ato de não direito; ou à velha guerra de todos contra todos, conceito de filosofia abstrata.

Nova reviravolta: podemos despreocupadamente nos enfrentar no boxe ou no rugby, porque um árbitro zela pelas regras e, portanto, por nossa vida. Golpe baixo, golpe leal; gravata, cartão vermelho, expulsão, suspensão temporária ou definitiva. O esporte regula a violência, constante, perigosa e mesmo fatal quando se desencadeia sem lei. Melhor, ele educa os jovens a dominar, refrear as próprias inclinações bárbaras. Sem árbitro, não há direito e, por conseguinte, não há esporte; sem direito, então, não há guerra, eis novamente minha tese.

Tento ou tentativa definem-se, então, como atos jurídicos; não de fato, mas de direito. Não é algum zagueiro ou atacante, mas o árbitro que os cria. É melhor não afirmar então: o tento ou a tentativa "estavam" lá, mas o árbitro os recusou, porque é absurdo; esse ponto existe pela decisão do árbitro e somente por ela. Eu qualificaria até mesmo a primeira frase de incivilidade, ignorância ou desprezo pelas leis civis, pior ainda, torção grave do respeito que devemos às gerações futuras sobrecarregando-as com ensinamento perverso. Só o árbitro faz o tento. Caso contrário, por que diríamos que ele é "marcado"? Ninguém jamais marcou algo fora da tabuleta.

Essa soberania do árbitro se caracteriza, justamente, por jamais recuar de sua decisão. Ele não pode fazer isso. Isso se justifica assim: diante de tribunal civil ou penal, toda decisão de um juiz pode ser objeto de recurso em outra instância, até ao Supremo Tribunal. Por quê? Porque essas ações tramitam lentamente, para assegurar a própria justiça; justiça expedita quase significa, com efeito, injustiça. Por outro lado, no campo, o árbitro não tem tempo, porque a regra expressa do rugby limita o confronto a oitenta minutos; noventa para o futebol. Para recorrer, para disputar nova partida, portanto, seriam necessárias circunstâncias jurídicas excepcionais ou desvinculadas do desenrolar direto do jogo. Eis, de passagem, uma das regras das três unidades: a do tempo; a de lugar designando o quadrilátero do campo; e a da ação que decide o tipo de esporte a ser disputado.

Não que eu diga ou creia infalível o árbitro. Pelo contrário, ele goza desse poder jurídico em virtude mesmo de sua fraqueza humana e possíveis falhas. Já que todos podem se enganar, é indispensável, em certo momento, decidir quem decidirá: alguém, ele! Em inglês, chama-se às vezes *umpire*, podendo-se ler ou entender o francês *impair* [ímpar, imparcial], mulher ou homem que, não pertencendo a nenhuma das equipes, pode julgar sobre elas.

Túlio Hostílio julga a guerra segundo seu nome, eis o *imparcial* ante os duas vezes três heróis. Ele arbitra o processo final.

Retorno à tragédia

A tragédia desconhece guerra; a filosofia se engana ao chamar guerra aquela opondo todos a todos; ambas manipulam a violência singular de cada um contra cada um, o velho e maldito pavor erradicador. Por que os reis, aqui, detêm os exércitos? Porque não há ainda exército, porque ainda inexiste guerra. Por que não existe guerra ainda? Porque ainda não há direito.

Somente há guerra de direito. O que é a guerra? Uma instituição de direito. Sem direito, nada de guerra. Desaparece o direito e a guerra para. É isso mesmo o que nos acontece hoje.

O processo do último ato encerra a tragédia *Horácio*. Como todo o seu movimento se desenrola de maneira invertida, trata-se em verdade do primeiro ato. Chegamos enfim à origem, para a qual progredimos, lentamente, para trás.

Roma não é fundada sem direito. Ao obstar o crescimento da violência, o direito condiciona toda a sociedade. Eis a origem de todo o agrupamento humano. Dez filósofos o disseram antes de mim: tudo começa com um contrato. Certamente, mas era necessário encontrar o caminho para chegar lá.

Só se chega lá andando para trás.

Rituais e liturgias

O resto revela apenas minúcias. Nada, por exemplo, mais sofisticado, meticuloso, preciso, rigoroso... do que o corpo de certos preceitos religiosos: hábitos, posições e gestos corporais, dos braços e mãos, jejuns e dieta, organização dos horários, do sono e da noite, ritos de nascimento e de morte, de adolescência e de casamento, ocasiões e festas... Vejam o Levítico, judeu, e outros antifonários ou breviários católicos; a regularidade do horário divino seguido por monjas e monges os lança num cilindro, acima do telhado, elevando-os da Terra para o Céu.

Em face do misticismo ou da doutrina teológica, proliferam cânones e liturgias esculpindo e penetrando o espaço e o tempo. Quase todas as religiões, ao menos de meu conhecimento, mostram estas duas faces, uma abstrata, unificadora e contemplativa, a outra saturada de singularidades. Já o disse alhures, creio ainda que a criação e a agricultura começaram como diversas liturgias das religiões animistas.

A atenção polariza-se para este desvio loucamente emaranhado da atenção. Organizadas até acessórios mínimos, mil circunstâncias removem a angústia e a paixão da substância. Se vocês algum dia se amedrontaram, se foram infelizes a ponto de perder o espírito, se algum demônio durante muito tempo os devorou... vocês aprenderam que uma salvaguarda bastante segura contra a obsessão sempre apresenta dores assim, cujo sofrimento os teria levado à morte; ela reside em uma atenção em tempo real dirigida para microdetalhes, indefinidamente repetidos. A liturgia, o rosário, as litanias, a salmodia afastam a angústia; o ritual mata o medo; as regras dissolvem a violência. Assim, esta exige aquelas.

Do mesmo modo que a realeza origina-se no sacro — o rei sacrifical —, as regras, de mesma etimologia, de mesma origem linguística... originam-se da liturgia.

Das regras em geral

O direito organiza a violência e a diminui recobrindo-a de formas e regras. Entre elas, dominam as da guerra. Assim, a guerra não é o desencadeamento puro e simples da violência, mas o bloqueio de seu crescimento por meio desse desvio. A própria complexidade dessas categorias jurídicas me parece decalcar-se daquelas liturgias.

Examinem a própria tragédia. Nela vigoram regras, por exemplo a das três unidades. De ação: os Curiácios sós contra os Horácios sós; de lugar: sob as muralhas, entre os dois exércitos; de tempo: até que a morte advenha...

De ação: aquela batalha, de Antônio contra Otávio, de Napoleão contra Blücher; de lugar: aqui, nas Termópilas, em Farsala, Austerlitz, Verdun... ; de tempo: em um dia, ela decidirá, naquela noite, o número de cadáveres, o vencedor de Wagram ou o vencido de Waterloo... trato de tal tragédia, ou do teatro em geral, dos conflitos, das crises, da História...?

De ação: joga-se rugby, participa-se de eleições, julga-se...; de lugar: no campo quadrangular, na cabina de votação, no tribunal fechado...; de tempo: oitenta minutos, um dia, três meses...

Suprimindo-se, em geral, a unidade de lugar, a violência ameaça generalizar-se; mantendo-se a de tempo, ela pode não parar; generalizando-se a ação, todos brigarão...

Uma regra contém, limita, barra. Ela tem função de barragem. Então o direito penetra em todos os tipos de contencioso, talvez, até, na totalidade de nossas instituições culturais. Talvez não façamos senão negociar o sentido da mais perigosa das propagações.

Corneille e Tito Lívio falam sobre a origem da guerra e, com isso, a definem como instituição de direito.

Por que tantos creem na inevitabilidade da guerra? Certamente, ela não para de se perpetuar; mas essa repetição, em si mesma, designa a origem de nossos grupos, como redução da violência pelo direito. Longe de preceder o contrato, ela o realiza. Ou melhor, ela é o contrato.

Da Guerra ao Terrorismo

O legal e a equidade

Quando defini antes a guerra como instituição de direito; quando definirei, adiante, o terrorismo como conjunto de ações de não direito, eu não confundo direito com justiça. Todas as línguas que conheço distinguem, nesse ponto delicado, duas palavras e nossas condutas têm dois sentidos a respeito: o legal e a equidade. A legalidade não pode enunciar ordem justa; inversamente, a justiça nem sempre se inscreve nas leis.

Nossa história se irrita com mil decretos iníquos para, por outro lado, celebrar, ocasionalmente, heróis ou santos que apelaram de suas condenações para outro tribunal, às vezes sediado fora do Mundo, de tão saturado que este está de abusos legitimamente proclamados, de arbitrariedades e de ferocidade legalizados. Mesmo funcional, um código jamais garante sua moralidade. O espírito pode afastar-se da letra.

Ou melhor, a História avança, se podemos dizê-lo, quando uma disposição legal, aparentemente mais justa, substitui e anula a precedente, subitamente experimentada como sobrecarregada de iniquidade. Sem esse movimento, jamais teríamos mudado de governo, nem nossas instituições e costumes evoluiriam. As leis saltam de injustiças duras para outras, mais brandas, com a justiça servindo de horizonte inacessível? Sejamos realistas; pois, como temos experimentado, nossa história constitui-se também de recuos; retrocessos misturam-se a progressos. Pior: nem sempre conseguimos avaliar o verdadeiro sentido, positivo ou negativo, desses dois movimentos.

Mais do que a política, o direito, oral ou escrito, organiza os grupos; ideal, não escrita e às vezes tácita, a justiça faz sonhar, desejar, pensar, decidir. As leis fazem julgar os homens; a justiça os faz julgarem as leis.

Guerras justas?

Assim definida juridicamente, a guerra não se torna mais justa por isso. O direito só ajuda a enquadrar a violência explosiva. Desconfio até inexistir, jamais ter havido guerra justa, o horror dos combates terminados em cadáveres amontoados sobrepujando, em atrocidade, a ideia de ser possível dizimar para estabelecer alguma equidade; menos bárbaro, talvez, do que outros, esse meio não deixa de levar à barbárie, quero dizer, ao crescimento da violência. Prometo voltar ao assunto.

Inversamente, desvinculado de qualquer direito, o terrorismo não se torna por isso injusto. Pessoas que respeito gostam de citar atentados que lhes pareceram libertadores. Que seja. Temo, porém, que esse meio, mais bárbaro talvez do que outros, conduza, por si próprio, à barbárie, quero dizer, à escalada da violência. Prometo voltar ao tema.

Assim, pelo menos para mim, o ideal ou mesmo a ideia de justiça permanecem, nos dois casos, fora do jogo. Fora da guerra, por se tratar simplesmente de regras, como as que organizam e tornam possível um jogo, o rugby, por exemplo, que descrevi há pouco. Jogo cruel a guerra, por certo, abominável e mortal, certamente, mas suavizado assim; nesse caso de conflito, regulações ou acordos restringem o desdobramento caótico de assassínios; no terrorismo, sua ausência libera o ímpeto em direção à casualidade violenta. Ausência de justiça, tanto aqui quanto lá.

A guerra pressupõe o Contrato social

Para existir um direito das gentes, *jus gentium*; para que seja publicada, *urbi et orbi*, uma declaração de guerra inicial; para que os beligerantes consintam em assinar, no cessar-fogo, armistício e tratado de paz; para que, em tal e tal caso, em tal intervalo de tempo, uma pausa, um silêncio das armas intervenham; para que a retomada das discussões continue possível... é necessária uma convenção, mesmo vaga, de diplomacia recíproca entre os combatentes. São necessários Estados para fazer a guerra, isto é, instituições já legais. A expressão citada antes: o Estado faz a guerra, e a guerra faz o Estado, parece-me conter também esse sentido jurídico. Do mesmo modo, por mais encolerizados que estejam os indivíduos, eles não podem se atacar sem acordo tácito sobre o sentido das palavras, mesmo as injuriosas, que eles trocam. Instituição de direito, a guerra o é porque pressupõe tal convenção, rigorosamente tácita. A guerra pressupõe um Contrato social. Ela se segue a ele; não conseguiria precedê-lo; acho mesmo que são contemporâneos.

O terrorismo pode intervir previamente a esse contrato ou depois, para rompê-lo. Aí, ninguém sabe com quem negociar. Existe mesmo algum grupo organizado que comande ou financie esses atentados imprevisíveis? Ninguém tem certeza.

Defasagem entre o direito e o não direito

Insisti longamente sobre a origem da guerra e contei interminavelmente a história dos Horácios, para esclarecer a passagem, curta, do não direito ao direito, do terrorismo primitivo à guerra, porque temos necessidade imperiosa, hoje, de compreender, inversamente, a passagem do direito ao não direito, da guerra, terminada, ao terrorismo, generalizado. E de examinar por onde passa a via inversa.

Ao mesmo tempo, um Estado não pode declarar guerra a algum terrorismo. A quem ele a declararia? Se ele a faz, não pode declará-la; ele também entra, então, no não direito. E, novamente, se a faz, engana-se. E extravia-se, pela única e clara razão que o direito não poderia absolutamente combater o não direito. Não pode em nenhum sentido do verbo: físico, jurídico, moral, mesmo quando justificável.

Vizinho ao *Limes*, em direção ao curso do Danúbio, onde morreu Marco Aurélio, filósofo pacífico sob as armas, Roma não acaba caindo ante o não direito? Frequentemente triunfante nas lutas regulares, ela desmoronará ante o que chamamos as invasões bárbaras, cuja vaga seguinte jamais respeitava os pactos feitos com a vaga precedente. Nem a força das legiões, nem o direito romano puderam algo contra elas.

Fiduciário

Esse estado factual extrapola o problema da guerra. Individual ou coletiva, toda relação, digamos, usual, pressupõe, mesmo antes de qualquer contrato, escrito ou oral, certa confiança ou boa-fé. O que digo sobre a guerra as pressupõe eminentemente, por se tratar, por um lado, de relações numéricas, dificilmente controláveis, e de violência, por outro, ainda menos gerenciáveis.

Mas um simples encontro, um diálogo curto, a relação mais ínfima pressupõem, no mínimo, análoga confiança. Nossa língua exigia outrora que, antes de se deitarem juntos, os dois sexos, docilmente, noivassem; significava interconfiança. Ainda mais ingenuamente, a mão aberta e erguida para o bom-dia significa ao outro que ele pode avançar, confiante, em sua direção, já que não esconde nenhuma arma. Os antigos romanos veneravam *bona fides* como se ela fosse deusa; eles sabiam também, entre eles, medir a grandeza ou a mediocridade do que podiam acordar a determinada pessoa.

Assim sentida, assim encarnada no corpo silencioso, a mão que deixa de ameaçar ou o sorriso, o fiduciário, diferencial de polidez, começa, como que secretamente, nossas relações. Não existe aí, é certo, justiça, nem mesmo regras expressas, apenas o direito, ou antes, uma base incoativa profunda embasando nossas relações. O suave mistura-se ao duro. Essa mistura condiciona nossas vidas coletivas e prepara o detalhamento das organizações; digo em outro livro que ela antecipa toda conversão.

Resumo a questão, já que centenas de sociólogos e antropólogos descreveram essas condutas melhor do que eu, e séculos antes de mim.

Declarar

Referindo-me à declaração inicial, para a guerra, devo esclarecer melhor esse esclarecimento. Trata-se, primeiramente, na rua ou no campo, de identificar um grupo ou indivíduo. Amigo ou inimigo? Quem você declara ser? Como se chama, que uniforme veste, de onde vem, em nome de quem você avança para mim? Diga-me a senha. Seu nome. Seu verdadeiro nome. Diga-me também, honestamente, o de sua tribo, exército, nação. Declare-me seu nome próprio, revele seu codinome, seu nome de *código*. Eis a primeira palavra do direito.

A boa-fé básica, que acabo de denominar fiduciário, começa então pela declaração, verdadeira, de identidade ou origem. Por decodificação prévia. Por clareza pública. O direito clarifica aquele grande dia. O não direito do terrorismo começa quando eu não sei quem você é, onde está, o que trama, nem onde nem quando. O inimigo esconde-se sob o amigo possível. Inominado.

Aquela identificação funda o direito. *Ego*, eu existo porque eu penso, dizem; *ego*, eu participo do grupo porque ele me deu um nome. Aqui, eu nasci codificado. No momento, tenho somente o nome fornecido por esse código. Eu o declaro, lealmente. No meu nascimento, quando minha mãe me deu à luz, meu pai correu ao cartório para declarar meu nome.

A matança de direito

Nessas definições jurídicas máximas da guerra e do terrorismo, e mínimas, de nossas relações codificadas, a justiça intervém tão pouco que, revertendo o raciocínio, a guerra poderia ser definida, novamente, como uma instituição que enfatiza de forma poderosa a diferença, arcaica, histórica, trágica... entre o direito e a justiça. Mata-se nela. De direito, certamente, mas de justiça? Horácio acaba de matar os Curiácios: o herói cumpriu seu dever. Retornando para casa, embriagado de *furor*, ele mata sua irmã: o assassino comete um crime. Curta é a distância entre a moradia e o campo de batalha; fulminante, porém, o intervalo de tempo entre a vitória sangrenta e o assassinato condenável. Pior, trata-se do mesmo ato: matar.

A questão consiste, também, em identificar Camila: irmã, portanto romana, então aliada a seu irmão em armas... ou noiva, portanto albana, então do lado de seu amor armado. O codinome apenas, o nome dos dois pertencimentos da irmã, decide então o ato do irmão. De fato furioso, Horácio enxerga duplo. Ela inimiga, ele soldado e dentro do direito; ela amiga, ele assassino e fora do direito.

Como decidir? As imprecações valem por declaração. Camila declara guerra a Horácio e a faz, pelo menos com palavras, contra Roma. O herói assassino retorna, por essa razão, ao direito?

A criança de Vigny

Matar: crime ou exercício banal da profissão militar? Pergunta o herói de *La Canne de jonc*, em *Servitude et grandeur militaires*. Obedecendo às ordens de seu superior legal, esse soldado mata uma criança durante um ataque-surpresa de patrulha, à noite; seu vizinho tenta apagar seu remorso desesperado ao dizer: "Acalme seus lamentos, é só o ofício." Fazendo-o morrer enfim pela mão de criança da mesma idade daquela que matara, Alfred de Vigny buscaria assim, acima desses atos ambíguos, indefiníveis, alguma justiça, imanente ou transcendente?

Corneille distingue. Ele mede a distância entre os dois direitos, o da guerra e o da paz, tão curta aqui quanto a que separa, no corpo e nas palavras de Camila, a irmã da noiva, a parente da amante; no espaço, o campo de batalha, atrás dos muros, da casa de família; enfim, no tempo, no fim da tarde. Por um lado, a lei das armas permite matar, pior, içar-se à condição de herói por haver cumprido um desses atos nobres; gesto novamente tornado ignóbil assim que se volta para o lar, para casa, na sociedade civil, alguns minutos depois. Aqui e agora, não matarás; a alguns passos dali, em direção à porta onde estremecem os Curiácios, tu podes, deves matar; lá, permitido, requisitado, obrigado, recomendado, louvado... aqui, proibido.

Com isso, o ato V da tragédia não apresenta somente o processo seguido da sentença concernindo o jovem Horácio como indivíduo, mas marca a diferença entre a matança legal e o crime civil, e, em caso-limite, tratando-se da mesma pessoa. Onde ela tem dois ou mesmo três nomes. Noiva inimiga; irmã assassinada; entre ambas, para ressaltar a evolução ou transição que analiso desde o começo deste livro, vítima e hóstia sacrificada. O tribunal define Horácio: herói, assassino, sacerdote secretamente.

Donde Túlio, no fim, de novo:

Mas nós devemos aos deuses amanhã um sacrifício.

Autobiografia, 3: religião e direito

Participantes de atrocidades, consideradas normais durante as hostilidades, quantos antigos combatentes condoídos conheci, até a loucura às vezes, ante a obrigação de se readaptar à vida social ordinária? Passar brutalmente do dever absoluto à proibição, igualmente absoluta, de matar pode desequilibrar uma consciência para sempre. Quantos Horácios vi, retorno de conflitos, inapelavelmente viciados nesse *furor*! Injustiça de uma sociedade que encarrega psiquiatras de tratar aqueles que ela enlouquece. Não possuímos mais rituais para nos liberar *disso*!

Não matarás. Essa prescrição é universal? A questão me permitirá, novamente, compreender certa gênese conduzindo do sagrado ao jurídico, da religião ao direito. E furar buraco cego, que os trabalhadores dos esgotos chamam *olhar*, em direção à justiça.

Tive a experiência de ensinar na prisão, em Paris, em Fresne ou na Santé. Um dia, os detentos alunos quiseram que eu tratasse com eles do sagrado. Eles debatiam, entre si, furiosamente: contra os que o acreditavam quase natural, pelo menos nascendo da natureza humana, alguns sustentavam que, assumindo aqui ou acolá o aspecto de cálice, rolo ou tábua, ele não passava de convenção; absurdo, portanto. Para encerrar por um momento a disputa, eu lhes pedi que se calassem um instante para meditarem, individualmente, sobre a Morte; não apenas naquela pela qual, acrescentei depois de um momento de silêncio, todos passaremos, mas, por que não, naquela que podemos dar. Levantando-se subitamente, dois ou três gritaram: "Eu sei, eu conheço o sagrado!..." Eram condenados por assassinato. Havendo consumado o sacrifício humano, eles experimentaram, com o corpo, com a mão, com o gesto, o sagrado. Eles sabiam. Pausa longa seguiu aquele grito visceral. Aquilo repercutiu em meu peito, também. Aprendi, ali, algo duro e sombrio, que eu suspeitava, mas efetivamente ignorava. Vocês sabiam? Eis minhas únicas provas, ao menos meus testemunho vivos, carnais, gritantes de universalidade. Eles bastarão?

Não matarás. Creio sagrada essa prescrição. Atingirá o universal? Como não disponho, a respeito, de documentação alguma, histórica ou livresca, posso apenas apresentar essa vivência.

Ora, durante toda a guerra que seu grupo declarou a seus vizinhos, você pode, legalmente, matar. Você até deve. A lei permite, estimula, ordena, recompensa com cruzes aquele que ela condenaria em outras ocasiões, até reprovaria se ele não matasse na frente de batalha. Essa lei da guerra, quase universal, funciona como exceção à do sagrado, que aqui pressuponho universal.

E para melhor aceitação da legalidade desses assassinatos, o referido grupo encobre-os, transcodificando às vezes a tenda que assombram e onde jantam os chefes, protegidos da Morte: em vez de Ministério da Guerra, é chamado da Defesa. Pois todas as leis do mundo permitem que, em caso de ataque, todos têm o direito de se defender. Parecendo mais legal do que a ofensiva, a defensiva permite à guerra penetrar melhor no direito.

Defensor de Roma, Horácio pode e deve matar os Curiácios. Por tê-lo feito, o povo o aclamará, o próprio rei o condecorará. Mas ele não pode, não deve matar sua irmã. Pergunta: onde está a fronteira entre as duas obrigações? Até onde traçar o limite entre inimigo e vítima? As imprecações de Camila a designam como inimiga; sua romanidade, sua fraternidade, como vítima. Quem se pode, quem se deve matar em guerra?

Crimes de guerra, crimes contra a Humanidade

Então, nossas histórias mostram, e vou recontá-lo detalhadamente, um crescimento tão atroz quanto o das mencionadas imprecações. Foram mortos primeiro os guerreiros da frente, cujo número eleva-se com o tempo; depois, da retaguarda; em seguida, as populações civis; do alto, expondo-se pouco, as chamadas fortalezas voadoras bombardearam as cidades, massacrando milhares de mulheres e crianças. Depois de Dresden e Hiroshima, a cheia chegou à chamada guerra das estrelas. A dinâmica irresistível de crescimento não cessa de se opor duramente à frágil barragem legal, tentando furá-la. A elevação das águas retoma. Repitamos a pergunta: como, onde parar o dilúvio de matança? Na irmã? Sim, declara Valério, advogado. Não, decide o rei, juiz.

Nos campos de extermínio de um povo inocente a quem ninguém declarou guerra? Sim, decidiu o tribunal de Nurembergue. Trata-se de direito mesmo, pois se constituiu naquela cidade um tribunal perante o qual os vencedores fizeram comparecer aqueles que eles chamaram criminosos de guerra. Que eu saiba, o primeiro processo do gênero realiza-se no ato V de *Horácio*. Depois da batalha contra os Curiácios, aparece um herói da guerra contra Alba. Rommel, por exemplo. Assassinada a irmã, eis o protótipo dos criminosos de guerra, que excederam a lei permissiva de matar. Eichmann, Himmler, por exemplo. A noção de crime de guerra mostra que combatemos sob regime jurídico do qual certos atos, ocasionalmente, distanciam-se, e perante o qual devemos traduzir os contraventores. Saindo desse direito, os nazistas praticavam, portanto, o terrorismo.

Que a guerra se define como instituição de direito, os tribunais e os processos formados, as decisões, as condenações pós-Segunda Guerra Mundial, as noções de crime e de criminoso de guerra, o conceito, sobretudo, de crime contra a Humanidade... paralelo jurídico do crescimento extremo... mostram-no fartamente. Essas leis continuam vigorando hoje.

Descreverei de bom grado a sensibilidade ocidental contemporânea definindo, com um oximoro, a guerra como conjunto de crimes legais. Suportamos tão pouco tal contradição hipócrita que construímos uma Europa, espécie de não pátria, que jamais exigirá a vida de seus filhos, já que existe pacífica há mais de sessenta anos, intervalo único em nossa história ignóbil de morte.

Será que uma espécie de justiça guia enfim nossas novas decisões?

Prescrição

Pois até extrapolamos esse estado. Decretamos, em certo momento, que alguns desses crimes se tornavam imprescritíveis. No direito penal, a prescrição define intervalo de tempo ao fim do qual o processo se extingue. Passados dez anos, por exemplo, na França não se deve, não se pode mais processar um assassino, mesmo comprovadamente culpado.

Do mesmo modo que a identificação de há pouco — cuja análise continuo mais adiante —, considero a prescrição um dos fundamentos do direito. Ela de fato permite distinguir o julgamento da vingança, exatamente da *vendetta*. Suprimindo-se o intervalo de extinção, faltará razão aos trinetos para condenar à morte indefinidamente os descendentes do bisavô que atacou o antepassado daqueles. Com o tempo, ninguém sabe mais quem se apresenta como descendente e vingador de quem, e chega-se às condições exatas do terrorismo.

Ademais, ninguém pode responsabilizar-se pelos crimes do pai, notadamente se ocorreram antes do nascimento. O que diz o racismo? Que os filhos respondem pelos pais. Rigorosamente, quero responder pelos menores que pus no mundo, mas não posso nem quero endossar os atos de meus antepassados, nem seus crimes, nem opiniões, nem infortúnios. Com a prescrição, a História toma, em um dado momento, o lugar do pretório. Pode-se até mesmo defini-la, justamente, como o intervalo que separa o direito da História.

Daí minha dúvida. Qualquer que seja a barbárie de uma exação, é verdadeiramente necessário, da parte da sabedoria suave, eliminar esse freio à barbárie vingadora? A prescrição parece-me o análogo jurídico do perdão, do lado da moral, mas, sobretudo, decisão considerável referente à memória, seu conteúdo e natureza, sua cronicidade. Ela considera a duração, força-nos a pensar a obra e a eficácia da temporalidade. Ou melhor, só ela, no fundamento das leis, tenta alcançar a justiça como tarefa infinita, fora da iniquidade ordinária das leis. Se o direito distingue-se do justo, ao menos seu fundamento deve aproximar-se dele.

A prescrição distingue-se, porém, do esquecimento, a ponto de o ato permanecer pré-escrito. Não mais positivamente escrito na lei, mas anteriormente à sua escrita, como que escrito em tinta simpática. Lembro-me, é certo, de meu pai intoxicado em Verdun e de tios mortos em diferentes conflitos pelos mesmos inimigos, e algumas vezes em condições iníquas. Mas o que tenho a dizer a meus alunos do outro lado do Reno, exceto que eles mudaram de nome, pelo menos de prenome, e eu também, que temos, juntos, a Europa a construir como sociedade histórica, louca, utopicamente... nova, por não exigir jamais a vida nem a morte de seus filhos? Apenas que nós os amemos?

O cansaço dos povos europeus

Certos conflitos passam sobre os povos como tempestades devastadoras, como gafanhotos devorando plantações. Nada resta depois dessas passagens, nem mesmo o gosto pelo combate.

A legião, os centuriões de Roma conquistaram o Mundo; passada a queda da Cidade, a referida Itália perdeu a vontade de vencer; o mesmo cansaço já chegara à Grécia; a mesma cura se disseminou em seguida entre as nações, pelo menos na Europa; a temível infantaria da Espanha tornou-a uma das donas da América, até o esgotamento de que falo, do qual só saiu para se entredilacerar, em 1936; depois de Luís XIV, da fúria genocida sob a guilhotina, das carnificinas de Napoleão, do primeiro conflito mundial — os soldados franceses *poilus* [*peludos*] da Primeira Guerra Mundial o chamavam *Der des der** —, a França, país guerreiro, tornou-se pacífica o bastante para fugir, em 1939, do inimigo e jamais desejar enviar seus filhos a combates mortais e inúteis; depois de Hitler e da *Shoah*, a Alemanha entra no mesmo horror; as derrotas da Rússia, no Afeganistão, por exemplo, testemunham o mesmo asco, contraído nos cemitérios gigantes, em torno de Stalingrado. Recentemente, a

* Declinações alemãs de artigo, começando com "O" (*Der*), referência ao inimigo principal e mais direto dos franceses na deflagração, a Alemanha. (N. T.)

Europa se construiu, em parte, sobre a propagação de tal cansaço, contraído, em cada estágio, para cada país, por uma população subjugada por tempestades aniquiladoras, por essas nuvens de predadores devorando seus filhos. Doce paz de sabedoria, paz de velhice, paz de fadiga, paz de esgotamento.

Envelhecido como meu país, eu não tomarei então o lugar do velho Horácio, nem gritarei do mesmo modo que ele. Abandonamos esse sublime hediondo. Só pensamos nesse sublime como sublimação abominável de outras *libidos*, hoje confessáveis. Mudamos de era, mais ainda que de nome. Aproximamo-nos da justiça ideal, formal? Exangues desses horrores, tornamo-nos menos temporais, menos competitivos, menos ciumentos, menos duros? A tragédia torna-se arcaica. Incompreensível, enfim, o homem trágico. Teria eu vivido o fim simbólico de *Horácio*?

A queda dos antigos espirituais no temporal

Quanto ao suave, eu chego — voltarei a ele muito, ainda — ao par temporal-espiritual, variante do par duro-suave. Rei e juiz, sacerdote e soldado, tão pouco indivíduo quanto seus súditos, Túlio Hostílio acumula duas funções, coletivas. Perguntei anteriormente: a quem cabe a arbitragem? A qual dos dois poderes?

A expressão poder temporal é tautológica — um tanto rasa —, e poder espiritual, contraditória — às vezes mentirosa. Um poder, com efeito, mobiliza e impõe força, exército, polícia, coações corporais e físicas em meio às disputas da época. Livre, a mente descreve, acima, um sopro, brisa, quase sempre suave, ocasionalmente impetuosa: *ruagh* em hebraico, *anemos* em grego, *alma* e *espírito* em línguas latinas. Esse escoar fluido opõe-se às rochas cristalinas, o *soft* inglês a seu *hard*. Com isso, assim que um poder espiritual impõe uma força, abandona sua natureza e recai no temporal. Deixa o espírito e torna-se um poder. Assim, a justiça cai no direito e nele se realiza; a mística decai em política, disse uma vez Péguy. A história das diversas Igrejas relata frequentemente esse desabamento. Vemos isso em toda parte.

Eis ao menos dois exemplos a respeito, inquietantes, tirados das ciências e da cultura. Desde Hiroshima, desde Nagasaki e seus milhares de mortos, a ciência não pode ascender à função que lhe assinalaram Condorcet, Comte e Renan, com poder autenticamente espiritual, capaz de guiar ou orientar o temporal. Ela a assumiu durante dois séculos; ei-la na guerra e fora de jogo. Mesmo porque, milhares de empresas, hoje, ganham fortuna, poder e glória pela pesquisa e desenvolvimento. Ei-la, novamente, na concorrência dura e fora de jogo. A *Big Science* gera poder temporal.

O que se chama hoje cultura: indústria cinematográfica, grandes cadeias de rádio e televisão, lançamento de *best-sellers* mundiais, disputas esportivas, música obrigatória nos locais públicos... todas elas, empresas concorrendo na sociedade do espetáculo, mobilizando um investimento financeiro colossal para atingir o maior número possível. Ei-la na exploração das consciências e fora de jogo. Tal "cultura" gera poder temporal.

Depois da Ciência e do que se define, hoje, como cultura, hesito em citar as grandes religiões, das quais se diz no mundo todo que precipitam as guerras, como o conflito palestinoisraelense, e até os atentados terroristas, praticados pelos integrismos islâmicos e outros. Ei-las no temporal, portanto, fora de jogo.

Ora, não nos salvaremos sem um "poder" espiritual. Onde encontrá-lo? Como construí-lo?

Definições pela realidade: parcial ou total?

O poder temporal cultiva e gera seu "real" ao reduzi-lo a uma linha singular: tudo militar ou militante; tudo religioso ou dogmático; tudo econômico; e, hoje, tudo midiático e espetacular. Entendo o totalitarismo somente como essas diversas reduções. A violência de cada um deles provém do fato de que crê e faz crer, para assentar seu poder, que a relação de forças ou a concorrência, que atacam ou defendem essa redução, engendram a História. Pois a batalha pressupõe uma partição, portanto, um limite; só podem então existir tais relações de poder ou de oposições entre os indivíduos e os grupos no detalhe do recorte implicado por essa redução. O temporal luta por quinhão. Ele divide mapas e guerreia nessas fronteiras; parcial, ele mata então, por essa parcela. Quero chamar a atenção para a relação decisiva entre conflito ou oposição e repartição detalhada do real. Júpiter faz crer no todo-religioso; Marte impõe o todo-militar; Quirino, hoje, persuade que tudo se reduz à economia. Três poderes, três recortes, três mentiras; três partes querendo passar-se pelo todo; três reduções impondo-se como as únicas reais; três totalitarismos, de fato.

Não, o Mundo não se reduz aos fetiches, nem aos objetivos da batalha, nem ao fetichismo do dinheiro e da mercadoria. Essas três imposturas impõem como real sua própria parcialidade. Ora, o real só é real quando ascende à universalidade do Mundo. Ora, o Mundo é todo o Mundo. O poder temporal, parcial, é somente uma aparência; só se luta por aparências.

O poder espiritual, ao contrário, ou melhor, o espírito sem poder, acolhe o real como ele é, em sua integralidade, ao passo que o temporal, acabo de dizê-lo, apenas se vincula ao parcial recortando-o. Para o espírito, o poder pertence, sem relação nem concorrência, à realidade em sua universal soma, não a qualquer um, tampouco a alguém em particular. Ou, antes, reconhece-se o espírito, tão difícil de definir, por esse critério de totalidade; pelo fato, daí decorrente, que não assume nunca o poder, porque ele o deixa ao real. Apossando-se dele, cai no temporal, no parcial, no fragmentário, na guerra, portanto. O espírito descobre sua exultação em contemplar a perfeição do Universo e ressoa na tonalidade melancólica ao assumir em sua profundeza toda a miséria humana. Assim compreendido em sua onipresença, o real não lhe dá razão alguma para matar nem guerrear. As reduções engendradas pelo poder temporal, que acabo de chamar de totalitarismos, opõem-se a essa totalidade. Assim aparece o Mundo contra o qual, como explicarei, a verdadeira guerra mundial se opõe.

Dizer parcial a guerra equivaleria a uma tautologia. No entanto, defini-la como sempre parcial, portanto, nunca mundial, jamais universal, parece-me novidade.

Temporal e temporário

Trabalhando os detalhes que chama concretos, lutando para dominá-los ou se apossar deles, o poder temporal tem somente um tempo, o de fazer crer que esse parcial, que ele busca conquistar, é o único real. Por exemplo, Hegel diz: o racional é real; o real é racional. Finalmente: o racional, ou seja, *a/b*, ou a proporção, o calculável, o que se divide. Não surpreende que essa decisão o leve à guerra do senhor contra o escravo. Depois dele, quantos confundirão o concreto com o parcial, com esse atual, com a própria atualidade, repetitiva, quase sempre obsoleta e velha, portanto espetacular, como essa guerra teatral, circular, incessantemente retomada, em que as posições de escravo e senhor se alternam como a dança das cadeiras?

O parcial não vai longe, suspeita-se. Esse poder temporal evanesce rápido no temporário, enquanto o espiritual, embora geralmente ironizado sob o nome de idealismo, dura ao menos tanto quanto seu realismo o permite, autêntico e verdadeiro, pois abarca o todo. Quanto mais se amplia sua visão, mais ele vê o real, mais tempo ele dura.

Os exemplos são numerosos: no século XIX, certo coronel inglês fez com que disparassem suas metralhadoras, recém-inventadas, sobre um agrupamento de monges tibetanos apresentando-se diante das tropas, protegido apenas por estandartes de prece flutuando ao vento. Cadáveres numerosos e vitória de Albion. Tomado pelo remorso, o referido coronel converteu-se ao budismo, e os ingleses fugiram da Índia pouco depois. Os monges do Tibete continuam a rezar lá. Eles suportam hoje o fogo assassino da China. Durante quanto tempo o poder marxista dominará Pequim? Ele desapareceu do Kremlin, quando o Vaticano, segundo Stálin, sem divisões blindadas, ainda resiste depois de dois milênios.

O duro não dura, só dura o suave.

Desenvolvimento sustentável

Meus contemporâneos fingem buscar o desenvolvimento sustentável. E, para crer nessa encenação, recorrem à economia, à tecnologia, à política... coisas duras que não duram jamais. Que nunca duvidem: somente o espírito perdura. Nenhum poder temporal — militar e policial outrora, sábio antigamente, econômico, financeiro, político e midiático hoje... portanto, sempre parcial — ascende ao durável. Quem amanhã se lembrará de Péricles e de seus doríforos, ao passo que todas as crianças do mundo repetem em coro a geometria de Tales? Repitamos, em coro: o duro não dura, só dura o suave.

Nada invento que já não tenha dito Rousseau: para perpetuar-se, o temporal obriga-se a transformar sua força em direito e a obediência em dever. Ele assegura o concurso do jurídico e do ético, do espiritual. Ele usa hipocritamente a sua máscara. Lênin, Stálin, Hitler... não teriam conseguido consolidar seu poder sem ideologia; nem Richelieu, nem Luís XIV sem direito divino... nem a política atual sem a mídia. Quem não enxerga nessas manifestações do "espírito" a queda livre no temporal?

Inversamente, a longa duração que pretendemos hoje só será encontrada, de forma paradoxal, na suavidade de certa brisa. Ora, não se inventa o vento. Ele vem de onde quer e sopra, súbita e inesperadamente, para uma direção imprevisível.

Perderemos seguramente a duração se, por exemplo, continuarmos desprezando as mais antigas culturas, letras e literatura, hoje excluídas e esquecidas, em suma, tudo o que, aos olhos dos poderosos, é silencioso e aparentemente inútil. Vocês creem que a força pura, a concorrência de mercado, a *Realpolitik*... enfim, a guerra... abram o espírito criativo para enxergar longe? Temporal, parcial, a guerra perpetua o pequeno. Esse pequeno triste e mortal oculta a alegria pacata do real. Sem poder, o espiritual, o único real, permanece imenso e sobrevive pacificado.

Para que serve a guerra?

Nossos jovens só ouvem a dialética: batalha do senhor e do escravo, luta de classes. Era preciso recitar que ela engendrava o tempo, o movimento e a transformação, enfim, a História, produzindo o milagre da superação. Felizmente formado pelas ciências duras e sua duração, portanto impertinente, perguntava aos militantes dessa lógica se ela permitira a qualquer um inventar. Faltam exemplos. Eu não compreendia, de fato, como a oposição entre duas forças mecânicas podia não resultar em imobilidade; ou, rigorosamente, em um par em rotação, se as forças presentes não se aplicassem no mesmo local.

Pensava no *clinamen* microscópico de Lucrécio, sua turbulência líquida e suas bifurcações; seu correspondente cosmológico, a ruptura de simetria; o bater de asas da borboleta nos fenômenos caóticos; os catalisadores, na química; a mutação no sentido neodarwiniano, a vacina de Jenner ou os micróbios de Pasteur, que modificam os organismos a partir de inclinações tão ínfimas, sem enfrentamentos nem tilintar de armas. Posteriormente, escrevi *Le Parasite*, que me ensinou metamorfoses simbióticas igualmente suaves, bem como outros livros em que me vi obrigado a dizer que as revoluções mais decisivas de nossa história derivaram da escrita, da imprensa e das novas tecnologias, isto é, estocagem, tratamento, recepção e emissão de mensagens ou informação cuja energia, neguentrópica, possui intensidade de bilhões de bilhões de bilhões... abaixo de qualquer força perceptível na escala entrópica. *Dum homo scribit fit historia.* Por outro lado, enfim, eu compreendia por que, diferentemente da língua alemã, o francês precisava apenas de uma única palavra para expressar a história que se escreve e a que se faz: tudo se passa como se a primeira induzisse a segunda. Mas o Mundo também escreve, e melhor do que nós; ele também estoca, trata, recebe, emite informação melhor do que nós. *Dum Deus calculat fit mundus.* Passagens do suave ao duro. Conclusão: em quase todos os campos, físico, químico, vivo, humano, coletivo... quantas modificações são engendradas a partir desses tipos de acontecimentos microscópicos ou diferenciais?

Em face do duro espetacular, fenomenal, inútil, esse suave decisivo incita a rir da dialética. Ela não serve para nada. Ela arrasta consigo o elogio à guerra, que, por sua vez, serve apenas para servir nossa fúria genocida. Pois eu tinha diante dos olhos, igualmente, o espetáculo dos poderes derivados dessas ideologias, produzindo, por si, milhões de mortos, como se a matança lógica engendrasse, por si, a matança real. A dialética vem à mente por amor à matança?

Refrão deste livro: o duro não dura, muda pouco, antes conserva, cai na estática. O suave dura por sua paradoxal capacidade de conversão.

Apostaria de bom grado que o mesmo ocorre nas sociedades: 1 a 2% de convertidos basta às vezes para abalar uma cultura, um regime, uma nação; *é a culpa de Voltaire ou de Rousseau...* Quantos apóstolos para inaugurar uma era inteira? São Paulo: o Reino advém ao modo de um ladrão na noite. O barulho e o furor acompanham as bravatas genocidas. Nietzsche: a novidade chega pelas patas de pomba. O tempo da História muda suavemente.

Digam-me o que a guerra muda, afora bloqueios ou repetições sem novidade, salvo a violência que gera violência sem movimento algum. O tempo duro da História caminha lento. Mas sessenta anos de paz suave no Ocidente produziram a Hominescência.

Fim da guerra?

Retorno para antes desse acontecimento, volto então à definição da guerra como instituição de direito; retorno finalmente a esse fim da guerra, para o qual contribuíram a realização tardia do indivíduo e a constituição recente da Europa.

Quando, jovem do pós-guerra rapidamente pacificado depois de tantos horrores que encontrara em minha adolescência, eu me demiti da Escola Naval para evitar consagrar minha vida aos canhões e foguetes, ainda ignorava o que aos poucos descubro aqui: que ancestrais geniais, Corneille, Tito Lívio, outros em áreas menos latinas, instituíram a guerra para nos proteger, de direito, da propagação crescente da violência. Eu odiava a guerra, acho-a protetora; acreditava-a caótica, descubro-a regrada.

Com isso, nossa história ocidental jamais empreende conflito sem esse acompanhamento jurídico. Sua declaração exigia até mesmo, em Roma, um ritual religioso especial e complicado, com arremesso de lança do outro lado das fronteiras; instituiu-se até colégio de sacerdotes, os feciais, encarregados de fazer respeitar as regras do direito, durante os enfrentamentos; março, tão bem nomeado mês de Marte, marcava o recomeço do ano, ou seja, o direito de reabrir hostilidades.

Sem direito, nada de guerra. Ela nos protege mesmo, paradoxalmente, da pior das violências. Basta instalar-se, com efeito, uma espécie de não direito e a guerra enquanto tal termina; não tal ou qual conflito, mas a guerra assim definida. Eis o que nos acontece hoje. Mas esse fim da guerra não significa paz. Pelo contrário.

Nascimento do terrorismo

Desde Troia ou Roma até a Revolução Francesa, a guerra seguiu, pois, regras precisas visando conter a violência, primeiramente de exército profissional, do qual nossos duas vezes três combatentes simbolizam as imagens de subtração, restrição... depois, segundo regras específicas sobre o campo de batalha e além.

Subitamente, o serviço militar obrigatório — apelo à população, a Pátria está ameaçada...! — reativou a câmera da violência na ordem natural propagando-a, de combatentes ou de exércitos mercenários à quase totalidade da população, na França. Todos os filhos para a carnificina! Os esforços trágicos de nossos antepassados pelo enquadramento jurídico, realizados com grandes sacrifícios, foram parcialmente anulados pelo Terror. Ele recrutou de repente todos rapazes, como no botequim de há pouco. Daí a angústia da Europa ante o referido Terror e o funcionamento demente de sua guilhotina; daí o avanço subsequente de Napoleão, que aproveitou esse recrutamento, repentinamente numeroso, sempre gratuito, quase sempre até voluntário. O grande medo em face dos franceses da revolução e do pretenso gênio cuja estratégia se beneficiou desse afluxo demográfico adveio de que toda a França foi convocada, não somente os soldados profissionais, isto é, representantes, emissários, mercenários... Horácios de algum modo. Sim, a chamada guerra em trajes rendados tinha algo de espetáculo e de tragédia clássica. No campo de batalha, encenava-se *Horácio*, belos gestos e direito. Abandonando a arbitragem, a Revolução Francesa liberou em parte a propagação da violência. Ela então mereceu, dos vizinhos, o nome de terrorista. Levante em massa, levante do direito, início de liberação da mais perigosa das propagações.

Terrorismo, continuação

Então meu país foi tomado por uma fúria genocida, pela loucura frenética da guilhotina, inicialmente; batalhas napoleônicas em seguida; carnificina atroz da guerra de 1914, enfim. Exacerbada, a escalada, que comecei a descrever antes, continuou: o Terror matou milhares de mulheres e homens; o Império cobriu o solo com dezenas de milhares de soldados; a referida guerra mundial sacrificou milhões de infantes camponeses. Com o crescimento da violência volta o Dilúvio; com o Dilúvio, o terror. Os loucos sanguinários da guilhotina chamaram a si mesmos de terroristas.

As outras nações europeias entraram também, depois, nessa loucura assassina: a Inglaterra na Índia e em todos os continentes; a Espanha em 1936; a Alemanha de Hitler; a Rússia de Lênin e Stálin... A elevação extremou-se. Chegamos a centenas de milhões de mortos. Os números dos especialistas confirmam: o número de cadáveres aumenta incessantemente, mesmo considerando o crescimento demográfico. Acima do desgosto por esses horrores e da angústia por possível decadência subsequente, ocorrida e potencial, algumas pessoas geniais fabricaram uma arca, a Europa pacífica atual.

No fim do século XVIII, idade chamada das luzes, a França revolucionária inventou então o terrorismo, o mesmo de que nos queixamos, acreditando que outros o tenham transplantado em nossos territórios, quando nós lhe suscitamos o crescimento e o estado de não direito. História de uma decadência... A França, a própria Europa se reerguerão um dia de tal pilha de cadáveres? O apocalipse começa com a França, com o Terror, com Napoleão; o fascínio de Clausewitz o atesta. Quando seu *Da guerra* evoca o acirramento extremo, o Terror é convocado; ele o confunde com a guerra e engana-se. A guerra, pelo contrário, acabara de terminar.

O fim da guerra: crescimento e não direito

Vivemos hoje a conclusão dessa longa transição que experimenta gradualmente o fim dessa guerra, cuja origem institucional eu situo, pelo menos em nossa esfera cultural, na Antiguidade greco-romana, que nos apresenta os inícios do terrorismo. Dato da Revolução Francesa, sobretudo do período do Terror, o começo do fim da guerra, por duas razões: inverso à guerra, o terrorismo coloca atos de não direito; inverso ainda à guerra, ele cresce como o Dilúvio; quando se espalha o segundo, termina a primeira.

A essa razão de direito se acrescem duas razões de fato: superpotência única detendo isoladamente, hoje, a essência do fogo destruidor; não podemos mais pensar um enfrentamento, a dois, equivalente ao da guerra fria, pelo menos virtualmente; réplica ou gêmeo, o parceiro desapareceu; inexiste outro. Contudo, por mais forte que a potência mais forte pretenda e aparente ser, ela não consegue encerrar uma luta — não declarada — contra uma das mais fracas e menores nações do mundo com despesas gigantescas. Segunda razão, econômica agora: quanto custa um conflito contra nação média, ou contra país equivalente a si?

Conclusão: a guerra acabou de direito, de fato, de impotência, de finanças. Disso resta a violência sem direito, o terrorismo, nascido no período do Terror revolucionário francês, daí em diante desenvolvendo-se sem fronteiras. Ora, essa propagação do não direito desconhece enquadramento, limite, fim. Longe de significar ou de preparar a paz, esse fim de guerra desencadeia uma violência desenfreada. Por atroz paradoxo, ela dá saudade da era da guerra.

Os dois terrorismos

As explosões inesperadas de alguns atentados, disseminados, suscitam pânico, certamente, mas vitimam menos do que os acidentes automobilísticos. Embora os condenemos, nós os tememos menos do que as práticas sangrentas de dez autênticos terrorismos de Estado ou de nações, que, desprezando qualquer direito, incluindo o da guerra, fazem crescer até as estrelas o número de mortos.

No balanço da Segunda Guerra Mundial, os cadáveres e as torturas provocados pelos crimes, extraconflito, dos governos de Lênin, Stálin, Hitler e outros, cuja loucura genocida passou ao ato a partir de ideologias tão mortíferas quanto semelhantes, nos campos de morte, com certeza ultrapassaram numericamente as vítimas nos campos de batalha. Racionalmente organizado pela extinção em massa, esse terror estatal supera qualquer outro.

Será que esses Estados declaravam guerras externas para ocultar, pelo direito, seus atos terroristas de não direito?

Coletivo e pessoal

A última e não a menor razão para esse fim da guerra: o fato, novo, de que o grupo em torno de nós rege agora menos do que nós mesmos. Defini a guerra como instituição social, coletiva, de equipe, comunitária... munida da *libido* aterradora de pertencimento. E referi-me antes, e antes disso ainda, em *Hominescência*, a um forte retrocesso da Morte. Desaparecido no Ocidente, mas alhures sempre presente e ativo, já que os camicazes "*disputariam em massa tão bela morte*", o homem trágico oferece-se em sacrifício à sua coletividade. Aceita pagar, como pagou Horácio, e, posteriormente, com milhões de cadáveres, o grande e irrisório gozo das vitórias do seu grupo. O coletivo triunfa sobre o indivíduo, até lhe arrebatar a carne, o sangue, a existência. Somente o coletivo tem o direito de fundar o direito; a pessoa inexiste.

Ora, no Ocidente pelo menos, tudo muda quando ela emerge. Ela nasce, decerto, entre os discípulos de Sócrates, desenvolve-se com os apóstolos do Cristo e as pregações de São Paulo, desenvolve-se nas *Confissões* de Santo Agostinho e nos *Ensaios* de Montaigne... progride lentamente durante dois milênios, para só se impor, concretamente, hoje. O indivíduo, então, liberta-se desse coletivo amalgamado pela Morte, cuja aderência o enoja.

Só desfrutamos nossos coletivos, outrora de crueldade vomitiva, em comunhão libidinosa com nossa equipe, no estádio, onde as partidas substituem, para divertir, sem morte e por objetivos temporários, a velha política, enfim vivida como mortal. O indivíduo reivindica, daí em diante, um direito que o proteja da Morte. Quando antigamente ele partia, alegre, dizem, flor no fuzil, o convocado arriscava apenas poucos anos de vida; aos 20 anos, hoje, o mesmo jovem arriscaria seus 60 anos. Não se trata, portanto, nem da mesma duração, nem do mesmo risco, nem da mesma guerra: totalmente inesperada, a nova expectativa de vida muda também a existência pessoal. Retrocesso da Morte, do trágico, do coletivo; avanço da Vida, em números e em esperança, avanço do indivíduo.

Com isso, somente hoje nos conscientizamos do movimento invertido que demorei tanto a compreender e tantas páginas para descrever. Falamos, pensamos, vivemos, agimos, decidimos... ao modo de pessoas autônomas. Para conviver, já prescindimos da Morte. Hoje, no *L'Ancre de Miséricorde*, apenas os *hooligans* brigam, antes, durante e depois dos jogos de futebol. Em nome de qual coletivo creem que daríamos nossa vida hoje?

Esse nascimento do indivíduo, essa emergência da pessoa, essa novidade de autonomia... favoreceram o fim da guerra e o aparecimento dessa Europa que não exigirá nunca a morte de seus filhos. Melhor ainda, sem língua materna comum, nós, europeus, não nos sentimos seus filhos. Mãe monstruosa alguma exigirá daqui para a frente nosso sangue.

Liberamo-nos da guerra, coletiva, e portanto do direito que a acompanha, porque, tornados indivíduos, descolamo-nos da *libido* de pertencimento. Os moralistas críticos do individualismo contemporâneo — políticos, sociólogos, militantes do engajamento... — quantificaram, ao menos, os milhares de cadáveres exigidos pelo Leviatã social? Da guerra decretada, declarada pelo coletivo, *ego* se liberta e nos liberta.

Nem por isso vivemos em paz.

A Guerra Mundial

Acrescentemos um último argumento de René Girard aos precedentes: desde seus inícios, o cristianismo desativou, considerando-as mentirosas, as proteções dos ritos ou mitos arcaicos e sacrificais, inteiramente inventados para desviar a violência coletiva para a imolação de uma vítima, o bode expiatório, que todos os que o matavam acreditavam culpado. Daí se impuseram a mim as análises precedentes, atingindo as idades gregas ou romanas, quando esses mitos funcionavam. Horácio, Camila... culpados ou inocentes?

Guerra e terrorismo: risco de apocalipse

Desde que se descobre a verdade, ou seja, a inocência das vítimas, essa bifurcação de nossos furores em sua direção e esse efeito de fixação perdem o efeito. Nu de agora em diante em face de nossa violência escancarada, a antiga mentira desses ritos, desses mitos, deixa de nos proteger daquela. Os textos cristãos concluem-se no Apocalipse; a era cristã, a nossa, corre então para o apocalipse de fato, risco magno, universal.

Crescimento retomado desde o Terror; não direito voltando em razão do fim da guerra anteriormente descrito; verdade da nossa violência enfim revelada... essas três novidades nos retiram qualquer proteção, religiosa e jurídica, contra o retorno do Dilúvio, contra seu desencadear cego e caótico. Éramos protegidos disso pela guerra, de direito, e pela mentira dos mitos. A que perigos nos expomos? Exatamente a esse apocalipse. Quem ou o que nos protegerá dele?

Segundo fim da guerra: ainda as imprecações

A guerra de Roma contra Alba acaba. Viúva, Camila se desespera. Ante seu irmão vencedor, ela vocifera.

Um momento: o que se tornará o ódio dos irmãos inimigos, Horácios e Curiácios, sem seu complemento, seu inverso, seu equilíbrio simétrico, o amor, incestuoso propriamente, do irmão pela irmã? A distância entre duas gerações suaviza de algum modo o complexo de Édipo. Ademais, os pretensos crimes do rei de Tebas, assassinato do pai, incesto com a mãe, resumem-se, ainda segundo René Girard, a acusações persecutórias. Enfim, o assassinato do pai se torna o do filho, como o confessa, com grito lhe escapando que me dá náusea, o velho Horácio, e como o mostram os grandes cemitérios ao luar, onde, depois das guerras, os filhos, sacrificados aos milhões, repousam, paralelamente. O irmão, portanto, detesta menos o pai do que seu irmão e ama menos a mãe do que sua irmã, como uma dezena de exemplos literários e históricos o repete: Chateaubriand, Balzac... *Paulo e Virgínia*. Sabina e Camila vivem esses amores em *Horácio*.

E zombam longamente da luta mortal entre *Roma*, dura matadora de *Amor*, e Alba, a Branca, suave porque parece sair dos vencidos de Troia; zombam de todas as lutas, de todas as guerras, de todos os heróis, de todos os guerreiros, do sabre e dos escudos. Elas querem o amor e desejam a vida. O amor e a vida das mulheres, não o ódio e a morte dos homens. Avançam dois milênios — ou quatro séculos. Roma, masculina, arcaica, apaixonada pela Morte. Que ela pereça! Camila tem mil, cem mil vezes razão. Ela vomita como eu o fiz, como o fazemos todos agora, ouvindo os referidos heróis gritarem:

Morrer pela pátria é tão digno destino
*Que se disputaria em massa tão bela morte.**

Hoje, só os terroristas fazem fila atrás dessa meta. Hoje, só esses camicazes recitam sem náusea aqueles versos a nossos jovens com o leite materno, infelizmente nos entusiasmando. Netos de terroristas, desejamos povoar o mundo de crianças pacíficas.

Enojada pelo mar de sangue que lhe arrebata o amante, Camila tem o reflexo, suave, de substituir o linchamento real

* *Mourir pour sa patrie est un si digne sort/ Qu'on briguerait en foule une si belle mort.*

dos dois reis ou de alguns emissários pelo sacrifício simbólico da própria Roma. Ela não designa seu irmão ou algum romano como objeto de seu ódio, mas unicamente essa Roma símbolo de Morte. Já se mediram um dia os verdadeiros progressos rumo à hominização por nossas diversas passagens do real ao símbolo? Sim, Camila concebe um linchamento suave! E começa.

"*Roma, único objeto de meu ressentimento*"... Camila recruta os vizinhos, que procura conjurar; grita para toda a Itália; apela e alia o Oriente ao Ocidente; convoca, dos horizontes do universo, cem povos, além de mares e montanhas. Já calculei o diluviano crescimento de tal coalizão mundial; esmagada por esta, Roma a Guerra morre e é vencida.

A mulher coleta todos os homens para chegar assim, finalmente, ao término da guerra. Destruam então esta cidade universal, esse *casus belli* mundial; esta cidade-razão de morrer, e não de viver. Destruamos a razão da destruição. Podemos também chamar de mundial essa guerra? Sim, Camila inventa uma guerra mundial, um linchamento que agrupa, reúne, une uma totalidade dos homens contra a cidade-símbolo dessa guerra jurídica cujo encarniçamento acabou por lhe roubar o amante. Como veremos, ela inventa algo bem melhor.

Trata-se do apocalipse? Não, justamente.

A guerra mundial verdadeira

No fim dessas imprecações, formatadas como linchamento e contando essa elevação inevitável, súbita e milagrosamente, ocorrem uma mudança de combatentes e um apelo inesperado a um novo modo de destruição, inumano. Tomados por intuição genial, Corneille-Camila oram, enfim, ao relâmpago e ao trovão para descarregar seu raio, pior do que a pira atômica, sobre a Cidade Eterna. O que acontece? A mulher-vida convoca o Céu para que o Mundo mate finalmente essa razão de Má-Morte. O Mundo-Vida mata a Cidade-Morte.

Que a ira celeste inflamada por meus votos
*Faça chover sobre ela dilúvio ígneo.**

Eis um dilúvio de gênero novo, de espécie que ainda não recenseei, ou, antes, que ainda não compreendera de fato quando citei anteriormente *Átila.* Pois aqui a cheia não provém da luta dos homens, mas diretamente do céu. O próprio Universo explode de cólera.

Camila vê desencadear-se a ira de um mundo que seus votos, seus desejos... — tomando seu lugar na pausa, falo agora por mim e me transporto para nosso próprio mundo —, que nossas possessões, nossos domínios, indústrias, técnicas, transportes, empresas... que os fogos dos homens teriam inflamado? É certo que se trata do céu mesmo, mas ele responde, reage aos gritos de Camila, replica, responde aos atos dos homens.

Camila é hoje atendida? Exato.

O Mundo e o céu, hoje, ameaçam-nos suficientemente com seu raio para que as guerras entre os homens, por mais

* *Que le courroux du ciel allumé par mes vœux/ Fasse pleuvoir sur elle un déluge de feux.*

violentas, tornem-se, por sua vez, irrisórias e vãs em face da antiga guerra dos homens contra o Mundo, a única guerra que se pode propriamente chamar de mundial, cuja violência, mundialmente, cresce.

Fracos em relação ao Mundo, há muito perdemos essa guerra contra ele; progressivamente, até ontem ganhávamos essa guerra de não direito, quero dizer, conduzida, por nós, sem direito algum concedido ao Mundo; eis-nos, hoje, mais ou menos seguros de sermos vencidos por ele, que volta contra nós nossos antigos triunfos sobre si.

A ira celeste inflamada por meus votos...

A rixa entre as tripulações termina pela segunda vez; não pelos porretes da polícia portuária, mas pela potência do próprio mar, contra a qual guerreia seu navio: a força do próprio Mundo contra o qual nós, marujos planetários, sempre guerreamos. Direito algum jamais a regulou.

Os riscos dessa potência impeliriam, primeiramente, ao armistício, ao tratado de paz, ao pacto de reparação dos danos de guerra... ocorridos, urgentemente entre os marujos, antes de se precipitarem todos ao posto de evacuação. Então, todos juntos assinariam um Contrato natural com o navio no instante em que ele afundaria, naufragaria, seria engolido... mas que essa decisão comum, desejada, requisitada, necessária... em seguida reemergiria. Dois riscos à escolha: ou naufrágio, ou apocalipse. Aposto que o primeiro sobrepujará o outro, que o risco do primeiro nos protegerá do segundo.

Não se trata mais do velho contrato de direito, evocado até aqui, permitindo continuar ininterruptamente a guerra entre os homens, mas de contrato novo encerrando nossa guerra cega contra o Mundo, e que o Mundo, hoje, ameaça ganhar à nossa custa.

A guerra contra o Mundo, que é preciso suspender a todo custo, de tanto que o adversário se revela superior a toda força humana, científica, social e política... possivelmente nos salvará, enfim, das guerras inúteis e absurdas entre os homens? Eis nosso novo jogo de três. Ele anula todos os precedentes.

O Contrato natural deterá o apocalipse? Essa é minha aposta. Ou a ganhamos, ou morremos todos. Nova tragédia, no retorno, não coletivo, mas mundial, da Morte. Antes derivada de coletivo local, ela não se cola mais no dorso de cada um, mas parasita o horizonte global da humanidade.

Eis minha aposta, eis minha esperança, eis a utopia. Ou melhor, minha ucronia. Já se viu algum progresso na História não proveniente de uma utopia? Já se viu nascer um novo tempo não nascido de uma ucronia?

Argumentos do cotidiano

Contra essa esperança, extraída de nossos desesperos, os argumentos, ditos concretos pelos idealistas do parcial, não faltam. Os países famintos desconsiderarão, dizem eles, as recomendações ecológicas, pressionados pela urgência de desmatar para comer amanhã... O problema é que essa derrubada de árvores ocorre, com frequência, para cultivar, com custo menor, produtos de exportação que raramente alimentam as populações locais, ou mesmo plantas para biocombustíveis. Conservemos, porém, este argumento: significaria que o longo prazo desaparece ante os imperativos prementes do curto... exceto que a cotação em Bolsa das grandes empresas ocidentais, mais que qualquer outro motivo, pressiona a prática de prazos ainda mais curtos.

Como se explica, então, que as mesmas populações famintas se converteram, ontem e tão rapidamente quanto as outras, às preocupações com saúde, por um lado, e com instrução, por outro, ambas visando ao longo prazo, até as gerações futuras? Quem não constata, em vários países emergentes, prodígios educacionais, ao passo que, no Ocidente, a educação se degrada incessantemente? A fome, entre os pobres, pressiona menos do que a sede por dinheiro, entre os ricos? Por experiência, eu acho isso.

O argumento da urgência imediata é inválido. Espero, portanto, que, com a perspectiva do naufrágio, a tripulação encerre conflitos, outrora externos ou internacionais, hoje internos à humanidade.

No entanto, para resolver a questão, crucial, da aposta entre o contrato e o apocalipse, quero voltar às três causas que encerraram a guerra e produziram ou ressuscitaram o terrorismo: a volta da elevação da violência e do não direito, a mentira dos mitos.

Como essa antiga e nova guerra mundial nos obriga a repensar essas três causas?

LIMITE À ESCALADA: A COSMOCRACIA

Que o leitor perdoe minha audácia em modificar o sentido da expressão: guerra mundial. Em vez de atribuir-lhe o significado próprio aos dois conflitos que envolveram grande parte dos povos, das nações, refiro-me aqui à guerra que contrapõe todo mundo ao Mundo; pelo menos para recuperar os sentidos do adjetivo, por ter todo mundo esquecido durante tanto tempo o Mundo.

Por tê-las vivido criança, adolescente e homem, carrego ainda essas últimas guerras — civil na Espanha, depois mundial, enfim coloniais. Carrego-as no corpo como fardo e veneno. Sem querê-lo, minha carne inteira chora milhões de mortos inocentes, esmagados por ideologias ferozes que perduraram durante tão numerosas décadas depois do armistício, que devastaram até as inteligências e os corações dos que as combateram, imitando-as hoje o suficiente para arruinar para sempre cultura e beleza. Como se explica que, tornando-nos ricos e bem-cuidados com a volta da paz, enfeemos a esse ponto o Mundo?

Como o meu, o corpo do Mundo — urbano, rural, selvagem, desertos e oceanos, polos e montanhas... — carrega essas feridas mortais, que eu as comparo frequentemente aos milhões de mortos cobrindo a terra depois dessas matanças absurdas, pelas quais as leis humanas mais elementares pediram piedade.

A guerra mundial?

Apenas começamos a nos conscientizar dessa verdadeira guerra mundial que travamos desde o começo da humanidade: ela opõe todo nosso gênero a seu ambiente global. Ela começou com as técnicas, ou seja, com o próprio *sapiens*, a coleta, a caça, a invasão progressiva do espaço?

Nós não a enxergamos, não a pensamos. As nações se ocupam das nações; a política se exibe na mídia, a mídia se alimenta de política, paletas escorrendo em círculo vicioso propiciando o espetáculo do dia... só nos interessamos por nossas relações; as ciências humanas, sociais, econômicas e políticas lançaram com a filosofia outro círculo vicioso, que é o mesmo. Desde que nossa população rural caiu para apenas 2%, tornamo-nos acosmistas. Fazemos nossas crianças crerem que a humanidade só bebe e come de suas relações. Heidegger prejulgava nossos irmãos animais de "pobres de mundo"; nossos irmãos humanos se tornaram o mesmo.

Como não o víamos mais nem o conhecíamos, não o economizávamos de nenhum modo. Quem teria hesitado, ante a exploração de mármore, ferro ou a pesca de arenque? Que sorte! Um estoque disponível: feliz quem pudesse extraí-lo. O caçador-coletor descobria novas fontes de alimento; o industrial seguiu esses costumes. *Le Mal propre* nos instruiu a respeito disso: raramente enxergamos nas condutas contemporâneas os restos de usos arcaicos, bestiais até.

A vizinhança do Mundo

Esse mundo exterior e global que perdêramos, absorvidos, fascinados, drogados mesmo, com nossas cidades e com o político, esse mundo, antigo é verdade, mas absolutamente novo, reaparece paulatinamente em meio à dinâmica, às vezes feroz, de nossas relações humanas. Não o víamos nem o praticávamos mais; não pertencia a nossas preocupações, nem públicas nem privadas, concorrentes ou guerreiras. Não tínhamos relação alguma com ele, jazendo, presente, ausente, esquecido. Lacramos as escotilhas no avião. Ei-lo de novo, formidavelmente presente.

Já disse anteriormente que a circunvizinhança da Morte podia distinguir os homens, os povos, os momentos da História e da hominização. A vizinhança próxima do Mundo distingue os contemporâneos de seus antecessores. Comparemos: só conhecíamos o Mundo pelo horizonte, cujo limite retrocedia com a passada, cuja rotundidade se repetia adiante do velame, cujo afastamento dependia de nossa subida ao paredão ou à geleira... Conhecíamos a Morte porque ela não cessava de diferir sua data, como o horizonte não para de estender ou ocultar o Mundo.

Ora, quando a Morte se descola do corpo, o Mundo, pelo contrário, se ergue inteiro atrás do horizonte. Limites sensíveis e práticos explodem, os do tato, da visão, da legibilidade, da ação. É certo que os antigos navegantes, Píteas de Marselha, Vasco da Gama, Jacques Cartier... até Mercator... já tinham contribuído para mapear um espaço cortado em regiões para a maioria dos homens. Até essa proporção se inverteu assim que todos, ou quase, tiveram acesso às telecomunicações ou que se difundiram as fotografias tiradas pelos cosmonautas: vimos então nossa nave, nela falamos a distância. Ele passou a existir.

O quadro de Goya

Quando Hegel conta a luta do senhor e do escravo, o leitor nota forçosamente que a cena do encontro não acontece. Onde o filósofo a situa? No campo de algum duelo? Em um ringue de boxe, de sumô? Em uma favela de periferia? Até suspeitamos tratar-se do tablado de teatro, de tanto que uma fenomenologia trata, pelo menos em princípio, das aparências.

Inversamente, Goya situa o encontro em uma cena verdadeira; enquanto o contador, tagarela, ou o filósofo, abstrato, podem dispensar-se de especificar tempo e ambientação, o pintor deve desenhar o entorno do combate: aquele atola os pugnazes na areia movediça, com as pernas afundando de acordo com os golpes. Nada mais perigoso do que esses pântanos densos e pegajosos como piche e aço, mais temíveis aos corpos do que as armas.

Quando a SNCF* construiu os dois trens-bala entre Bruxelas ou Estrasburgo e Paris, os empreiteiros da construção civil que escavaram fossos para a instalação dos trilhos descobriram, por quilômetro, várias toneladas de explosivos não detonados da Primeira Guerra, que nossa arrogância pretendeu mundial, quando ela, em verdade, no mínimo não concernia

* Sociedade Nacional dos Caminhos [Estradas] de Ferro. (N. T.)

longe disso, à maioria dos países. Angustiados, os instaladores da via férrea progrediam lentamente, protegidos por equipes antiminas. Quando navegávamos no golfo da Gasconha, evitávamos vastas zonas, infestadas, desde a Segunda, de minas flutuantes. Não se visita, hoje, o templo de Angkor sem correr o risco, a cada passo, de explodir as mesmas armadilhas, pessoais. Sabíamos que, combatendo-nos, feríamos o Mundo? Impúnhamos nosso ódio à sua paz. Ferimentos e ódio que, subitamente, se voltam contra nós.

Sós, outrora, os camponios, a quem ninguém perguntava opinião, choravam sobre suas semeaduras, lavouras ou colheitas, depois da passagem dos cavaleiros perseguindo-se, despreocupados de suas devastações. Nunca li historiadores descreverem cuidadosamente o estado do campo depois das batalhas: fascinados por quem ganha, seguem os estandartes e as pompas do vencedor, contam os cadáveres do vencido, sem nenhum olhar para os amontoados repugnantes de restos, membros e destroços com os quais Wellington, Blücher e Grouchy encheram a planície em Waterloo. Nenhum historiador camponês viveu e escreveu isso?

A pergunta: quem ganhará?, hipnótica, frequentemente dissimula a inevitável perda de algum pompom do ambiente ao vencedor. No caso do quadro de Goya, a areia movediça ganha. Pela primeira vez, um sábio alerta que a Terra participa da batalha e pode ganhar, perder ou matar. Em Goya, a lama prevalece e os combatentes afundam. Começamos a pensar um pouco mais longe: que a Terra e os homens poderiam mesmo perder, juntos, essa guerra antiga e nova.

A maioria das teorias e ações políticas se agrupam em torno de um jogo de dois: luta de classes, de castas, de partidos... concorrências, rivalidades nacionais... todas, guerras à antiga. Goya nos ensina que, doravante, devemos pensar em jogo de três e viver, agir e organizar-nos de acordo. Mas ele logo decai em jogo de dois, mudando-se os parceiros: não tal ou qual Horácio, tal ou qual nação, mas os homens, juntos, a humanidade contra o Mundo.

Goya hoje

Mas nada disso, não combatíamos diretamente o Mundo, já que tínhamos, por direito divino, herdado dele: o Gênesis o diz. Plantas, animais, terras, montanhas e mares, eis o que o Deus criador dá ao Homem, senhor e proprietário do Mundo, cenário passivo e alimentador de nossas competições. Descartes propala o mesmo domínio, de direito não mais divino, mas quase natural.

Não percebíamos que estávamos guerreando contra o Mundo; nada de luta nem de conflito, apenas a santidade do trabalho. Por que, desde então, algum direito deveria enquadrar nossas violências, já que essas inexistiam? Explorávamos recursos, não espoliávamos nada. Nenhum adversário, parceiro, ninguém diante dos homens. Só objetos, caça, frutas, peixes, mármore, hulha... jogados ali para nós, sujeitos. Somente encontrávamos homens; para muitos, só há, ainda e sempre, homens. Além deles, coisas passivas; dádivas, exploráveis a bel-prazer.

Os objetos do Mundo, alguns até os chamam não humanos, privados de denominação própria, mas referenciados aos homens, sempre eles e nada além deles. O Mundo se resume ao que nos é externo; o complemento do conjunto sociopolítico; enfim, nosso dado.

Senhor, proprietário, toma a terra, a água, os minérios, come os seres vivos, caça, mata, corta e fatia, mata, colhe, mata, cria, mata. Tu nem mesmo matas mais. Tomas. Sem devolver. Nada de troca, de equilíbrio, justiça. Devolve-se a outro, nada ao Mundo, dado.

Quem o dera então a nós? Eu não tenciono reescrever *Le Parasite* nem *Le Contrat naturel.* Descrevi suficientemente, no passado, o caminho do parasitismo à simbiose, esse equivalente vivo do contrato de direito.

Apostei antes que nossas lutas mortais contra os micróbios acarretarão custosas derrotas. Com três ou quatro bilhões de idade, eles sobreviveram, com efeito, a miríades de ataques mortais. Duvido, portanto, que, embora sábio, fulminante, nosso advento recente possa resistir a suas estratégias adaptativas, intermináveis e rápidas.

A lição, portanto: simbiose e paz.

De nossa guerra contra o Mundo sairemos ainda menos vencedores. Novamente, porque ele data de treze a quinze bilhões de anos, porque ele sobreviveu, também, e *a fortiori*, a catástrofes desvinculadas das que nós, recém-chegados de apenas alguns milhões de anos, lhe impomos. Ademais, porque procedemos dele; um de seus ramos não mata seu tronco sem morrer.

Segunda lição: simbiose e paz.

A hominização e o fim do dado

Os usos simbióticos chegam apenas ao pequeno homem, predador ou parasita "natural", depois de uma aprendizagem, espécie de adestramento, educação prolongada. O *Homo sapiens* levará, igualmente, milhões de anos para deixar essa condição bestial ou infantil de exploração do dado. Desde *Le Mal propre*, compreendo que Descartes, pedindo que possuíssemos a Natureza, prolonga condutas animais. Também me comprazo em dizer que uma das categorias usuais de nossa filosofia, o dado, simplesmente reproduz os usos bestiais. Ademais, ele se enraíza em querigma, a palavra divina, criadora, que, justamente, dá ao homem as coisas do Mundo.

Substituo a referida categoria pela pergunta: o que devolveremos ao Mundo por aquele pretenso dado? Ela propõe uma simbiose que anuncia um novo estágio de hominização.

Homem infinito, Mundo finito

Não tínhamos consciência alguma do Mundo porque o julgávamos infinito. Vivíamos dele, pensávamos, sem pensar nisso, que, inesgotável, jamais nos faltaria. Dormíamos, confiantes e às vezes empanturrados, embora com frequência famintos, na abertura sem beira nem fundo de uma cornucópia de fartura; esvaziado um local, corríamos, corremos ainda, para outro, diferente ou semelhante, cheio.

Inversamente, chorávamos a finitude do Homem. Justamente quando ela definia, de forma precisa, o Mundo. Vasto, não imenso; gigante, não inesgotável; duro, mas frágil. Chorávamos a fraqueza do Homem, que mal concerne à dureza de nossas técnicas, embora aquela defina precisamente a passividade limitada dos objetos. Essa finitude concerne a nossos desejos, a nosso pensamento, a nossos projetos, todos infinitos?

A filosofia retorna a seu contrassenso secular. Nós nos acreditávamos finitos num mundo infinito e suaves num mundo duro. Não. Duros em mundo suave, nós descobrimos nossos desejos, pensamentos, paixões, invenções, amores e crueldades infinitos... em um mundo limitado.

A comparação mede nossos perigos com exatidão. Enquanto seres vivos finitos caminham, comem, dormem, saltam ou escalam em um hábitat ilimitado, confiança! Alarme: infinitamente famintos, observem-nos devorando fontes esgotáveis.

Ignorávamos guerrear contra o Mundo. Ignorávamos que a guerra mundial começara conosco, desde o primeiro balbucio de nossas técnicas; não tínhamos consciência disso, já que nos perdíamos quase sempre. Apenas hoje sabemos que nossos mais remotos ancestrais já despovoavam a Terra. Recomeçando: víamo-nos fracos, desprovidos, inofensivos e finitos, perdedores. Reconhecemos hoje, ao contrário, que guerreamos contra o Mundo, porque passamos a nos ver ganhando. Mas então se trata de vitória de Pirro, de nossa mais perigosa derrota ao longo de nossa hominização.

Do terrorismo à guerra de direito

Acabo de esquematizar rapidamente nossa violência: em primeiro lugar, uma era sem direito, bastante perigosa — como escapamos ao Dilúvio? Guerra, em seguida, nas regras do direito; retomada enfim da escalada da violência, do não direito, do terrorismo, risco de apocalipse... Creio que nossas relações com o Mundo começaram, igualmente, com um tipo de terrorismo, como a precitada guerra de todos contra todos, por violência crescente e inextinguível; por ações de não direito: raptos, piratarias, banditismos, abusos. Não há adversário no roubo, nem inimigo no assassinato, nem parceiro na violação: somente passividades desprezadas, inexistências. É preciso um direito para que existam sujeitos de direito. Inexistindo o direito do Mundo, inexistindo o próprio Mundo, ele não poderia tornar-se sujeito de direito. No não direito, não se pode nem mesmo nomear o abuso, a violação ou o banditismo; eles não podem aparecer enquanto tais.

Daí o grito escandalizado dos filósofos, quando, já há duas décadas, propus darmos ao Mundo o estatuto de sujeito de direito. O que era preciso dar ao dado? Como e por que crer ativo o passivo? Perante qual tribunal citar esse novo sujeito?

ANTIGO DIREITO NA GUERRA MUNDIAL

Insisti muito, justamente, sobre a presença e a função de um tribunal para definir a guerra, e sobre sua ausência no caso do terrorismo. Ele está em funcionamento no caso de nossa guerra contra o Mundo? Onde e como?

Num primeiro sentido, banal, elementar, outrora cotidiano, esse mundo ou a natureza reúnem, numa única ideia ampla, o conjunto das restrições, obrigações e ocasiões encontradas na vida corrente, fora. Posteriormente, tornaram-se o conjunto de objetos que o saber científico observa, examina, testa, transforma por meio das técnicas. Desde *Le Contrat naturel* e *Le Mal propre*, proponho introduzi-los em um tribunal como sujeitos de direito. Inauguro pois uma fisiodiceia.

La Fontaine teve antes essa intuição. Em suas *Fábulas* ele menciona, duas ou três vezes, processos ou contratos, na esperança de parar aquela guerra.

Júpiter e o Arrendatário, *livro VI, fábula 4*

Os antigos costumavam distinguir o que depende de nós do que não depende. Toda a história das técnicas e ciências mostra uma conquista mais do que milenar sobre essa partilha necessária. Daí uma espécie de lei dos três estados: poucas coisas dependiam de nós e muitas não dependiam, entre as quais as manifestações do Mundo; tornando-nos modernos em seguida, dominamos e nos apossamos da maioria dessas coisas; enfim, eis-nos dependentes das coisas que, justamente, dependem hoje de nós. Exemplo: submetidos, em primeiro lugar, aos locais, por não conseguir atravessá-los com facilidade, fixados à gleba, queimamos, num segundo momento, muita energia para dominar o espaço, antes que os ferimentos desse fogo ao Mundo nos levem, enfim, a negociar com a natureza esses atos: precisamos hoje dominar o domínio.

Nem La Fontaine nem seus antecessores italianos do século XVI teriam conseguido prever esses três momentos de nossa história, hoje tão claramente definidos, mas eles adivinharam parte deles. Nem o frio nem o quente, nem o seco nem o molhado, nem o bom nem o mau tempo dependem do camponês. Felizmente: suponhamos, com efeito, que um agricultor possa negociar com o rei dos deuses o controle sobre o clima acima de sua fazenda, e que ele escolha um inverno bem gelado para destruir os parasitas, uma primavera chuvosa para a germinação, um verão luminoso para que as frutas dourem... Como dizia, já em 1955, sobre essa fábula, André Siegfried: "O dirigismo senhor do clima seria o fim do Planeta..." Quanto ao fabulista, ele só mostra a ruína do agricultor: queira este aquilo, neste ano, ou o contrário, no ano seguinte, nada, em suas terras, frutifica nem amadurece, enquanto os vizinhos colhem e comerciam fartamente. Melhor vale então se adaptar às temperaturas dadas do que comandar em benefício próprio. Indubitavelmente, aquele dom flutua de maneira complexa demais para que se possa dominá-lo de forma frutífera. O povo, que, a propósito, entende melhor de preposições do que os doutos, diz, com razão, que mais vale "fazer com".

Como? A trama da fábula, notável, faz intervirem Hermes, mensageiro, cortesão, leiloeiro e depois uma negociação permeada de ofertas múltiplas e barganhas, pagamentos condicionados, enfim, um primeiro contrato, de arrendamento, entre Júpiter e o agricultor, à frente do próprio Mercúrio, tabelião. A narrativa segue os usos jurídicos, tanto que ao primeiro contrato, em que o camponês decide sozinho a temperatura, segue-se um segundo, em que ele prefere adaptar-se ao dado.

Que a história do clima entre na do direito, que as condições físicas intervenham nas condutas institucionais, isso eu acreditava ter inventado...

Pois a humanidade global acaba de ter a experiência desse arrendamento fabuloso, porque de agora em diante ela sabe, juntamente com o preço do clima, o do saber e o custo do domínio subsequente. O que a fábula chama Júpiter, ela chama natureza física ou viva. Do mesmo modo que o agricultor arruinado acaba assinando um novo contrato de arrendamento com a Providência, liberada do clima, a humanidade assina, hoje, um Contrato natural, que teria deleitado La Fontaine, com o Mundo, novamente global.

La Fontaine vai refinando o pensamento do contrato com o ambiente: na primeira fábula do mesmo livro, um pastor, solitário, negocia com o rei Leão para proteger sua própria vida e seu rebanho; em seguida, um viajante, só também, luta contra o Vento e adapta-se ao calor: o contexto das duas narrativas passa do ofício às condições climáticas, temporárias e locais; em seguida, na fábula que acabo de analisar, o arrendatário assina com o rei dos deuses acordo referente à estação e ao ano agrícola. Reconheço aí o movimento de globalização descrito, em segundo lugar e três séculos depois, em *Le Contrat naturel.*

O Homem e a Cobra, *livro X, fábula 1: o duplo parasitismo*

O debate que opõe, aqui, o Homem e a Serpente se assemelha àquele em que argumentavam, no primeiro livro, o Lobo e o Cordeiro: mesma sentença de morte, prevista e executada, *sem outra forma de processo.*

Eis agora um tribunal totalmente diverso, em que as partes fazem comparecer a Vaca, o Boi e a Árvore, planta e bichos acusando o gênero humano, parasita universal, de perversidade: ele suga o leite da primeira, come a carne do segundo, aproveita-se de sua força, degusta as frutas da última, refresca-se sob sua sombra, aquece-se, enfim, com lenha cortada... sem reconhecimento algum. Bem designado, esse perverso — trata-se do Homem — jamais inverte o fluxo de benefícios que recebe, nunca devolve o que os seres vivos lhe dão. Pensa não dever nada a ninguém e que tudo nasceu para ele: quadrúpedes, pessoas e serpentes. Aqui nenhuma novidade, por já conhecermos admiravelmente os abusos do parasita. Comparativamente, o Lobo desempenha o papel do predador no processo do Cordeiro.

Saibamos, porém, que a fábula diz a verdade sobre essa perversão, decerto, mas, além disso, apenas extrai daí moral mais do que perversa, já que utiliza bichos representando exclusivamente, diz ela, a condição social comparada dos fracos e dos grandes. Ela exclama: do mesmo modo que o Homem parasita todos os viventes, os nobres exploram os plebeus. Como de hábito, nosso interesse se volta para a política: trata-se dela, apenas dela. Os bichos e as plantas, que só constavam lá para ela, desaparecem como tais.

Embora bestial, mas recitada unicamente com fins sociais, a fábula parasita o quadro do universo em que o Homem explora toda a flora e toda a fauna. A cultura, na qual o Homem parasita o Homem, parasita a natureza, parasitada pelos homens.

Tratando-se de esvaziar uma disputa política ou de argumentar perante um tribunal, a cultura, ainda por cima, elimina a natureza, sem outra forma de processo. Longe de atuar como atores, os animais, reduzidos a símbolos, são figurantes. Seria a fábula um gênero parasita?

Desconfio que Esopo, La Fontaine, Pilpay e os fabulistas de todas as origens, antigos e modernos, seus leitores e comentadores, críticos de todos os tipos... não enxergam, não observam, não amam os animais, nem as plantas, nem as paisagens; por terem sobrecarregado a natureza com as perversões dos homens e suas relações, eles a tornam o bode expiatório geral do Mal. Enquanto Leibniz se pergunta se a responsabilidade é do próprio Deus, toda uma tradição, proveniente das profundezas dos tempos, continua a transferi-la para os bichos e as plantas, pelo menos ao responsabilizar a Deus ou a nós.

Daí meu retorno à fábula, *O Homem e a Cobra*, X, 1. Sua moral, que novamente cita os "grandes", arma os críticos imbecis, que sempre reduzem qualquer intenção de um autor à vingança social ou à luta de classes. Sim, o fabulista deveu, durante sua vida toda, atacar a iniquidade que condenou seu amigo Fouquet à prisão perpétua. Compreendo que tenha sofrido com isso; compreendo, portanto, seu racional ataque aos nobres daquele mundo. De acordo.

Contudo, uma vez que um autor expresse a intuição nova, sublime, ultralúcida, do parasitismo humano sobre a natureza inteira, terra, bichos e plantas — senhor não, espoliador; não dono, mas aproveitador —, ou melhor, uma vez que ele permite aos hospedeiros desse parasita perverso defender a causa própria daqueles, essa derivação restritiva dirigida exclusivamente às relações sociais soa tola. Soa surda. Desenha para o cego. Diagnostiquemos, nos seres humanos, um narcisismo coletivo

Não, trata-se de processo completamente diverso, mais amplo, mais grave, grandioso, decisivo, contemporâneo, da relação dos homens com o Mundo. Que mundo? Não o mundano, o dos homens e suas relações, mas o mundial, o dos seres, do qual, embora sendo dele apenas parte ínfima, os seres humanos se acreditam os senhores. De fato, por esse lado, vivemos todos, tanto os mendigos quanto os bem-nascidos, *Homines sapientes*, na condição de grandes deste Mundo.

Daí o verdadeiro processo perante o verdadeiro tribunal. Alguns decênios antes da teodiceia, eis aí uma antropodiceia, ou melhor, biodiceia ou fisiodiceia. O Homem, que se crê deus, comparece perante um júri improvisado pela Serpente. Testemunhas de acusação são a Vaca, o Boi e a Árvore. Esmagadoras acusações: damos tudo, dizem, ao Homem: carne, leite, trabalho, sombra e flores, frutas e madeira; ele nos toma tudo, mais nossas vidas, sem nada dar em troca.

Com toda justiça, e mesmo em todos os processos, a decisão deveria caber aos bichos que pleiteiam ou às plantas que se queixam. Então o Homem, que mantinha a cobra num saco, esmaga-a contra uma parede, matando-a sem outra forma de processo. O Homem é um lobo para os lobos.

Legal talvez, porque debatida perante tribunal, mas iníqua decisão. Indica não ser a justiça, realmente, do mundo dos homens. Vivemos essa decisão diariamente, no matadouro, na engorda, nas colheitas e, agora, na erradicação progressiva das espécies. Elogiamos, com razão, o trabalho daqueles que, no mais das vezes, exploram e matam.

Os discursos dos próprios bichos, perante tribunal formidavelmente arcaico, essa súplica estridente, provinda das profundezas do espaço e dos tempos, da Europa e da Ásia, do *Panchatantra* indiano e, certamente, de época anterior à escrita, alguma vez os ouvimos?

Será que não se trata, em realidade, de tribunal novo? Dos primeiros balbucios de um direito doravante imprescindível? De um direito que enunciará as regras de nossa guerra contra o Mundo, e cuja ausência, justamente, reconduz ao terror? Seguindo-se ao enunciado de tal direito, como passar rapidamente ao armistício? Pois esse perverso, que esmaga contra a parede o bicho que acaba de dizer a verdade, não seria melhor chamá-lo de terrorista?

Arrendatário, ele negociava antes com Júpiter, transcendente.

A VERDADE ÚLTIMA DOS MITOS MENTIROSOS

Passado o argumento do direito, volto então ao argumento, religioso, dos mitos, e portanto às imprecações de Camila e à ira celeste, que acaba com eles, em dilúvio ígneo. A que morrerá pela espada de seu irmão começa, justamente, desencadeando a violência humana; a torrente de suas injúrias jorra em direção aos deuses. Por que tal apelo transcendente?

A metanomia e as divindades

Arrogantes por sua novidade, as ciências humanas, que eu saiba, não pensaram em prover-se de estágio externo e superior de reflexão, como a física, que produziu, há mais de dois milênios, a metafísica. De fato é melhor, para as ciências ditas duras, aparecer essa disciplina nova, munida de conceitos abstratos, não falseáveis, cuja fertilidade estéril apagou as figuras ridículas, mentirosas e fabricadas, de Zeus, Netuno ou Afrodite, falsos deuses, dos quais ri o conhecimento objetivo, dos pré-socráticos a Lucrécio.

Não imitando as ciências físicas, as ciências sociais jamais usaram *metanomia*. Por quê? Porque elas não são falseáveis. Falseáveis, pelo contrário, as ciências duras necessitam de metafísica, ela própria não falseável. Elas buscam nela, com efeito, ultrapassar seus limites, encontrar liberdade de pensar, banco de dados, complemento... barreira contra a loucura, talvez; mas — por que não? — direito de ser louco.

Existe alguma equivalência fina entre a falseabilidade de um saber e a existência de metaciência não falseável que o primeiro promove e da qual precisa. Com isso, ninguém deixa de notar esta assimetria entre as ciências duras e as moles.

Cristianismo

O cristianismo, segundo René Girard, desempenha justamente, para as ciências ditas moles, o papel dessa metanomia, ausente. Inventando o falso, com efeito, nas culturas humanas, já que ela diz que os mitos mentem ou falam de falsos deuses, essa religião reintroduz a falseabilidade, precisamente ali onde ela falta. E esses mitos mentem, revela, para proteger o grupo que os inventa de uma crise cuja violência, livre, pode propagar-se como a peste, crescendo até atingir o Dilúvio, organizando, cegamente, o assassinato de um pretenso culpado que em verdade é inocente. Desde que essa revelação, de início judia e depois cristã, desvelou essa mentira, não contamos mais com as proteções antigas contra a violência desencadeada. Daí a probabilidade, reencontrada, de um apocalipse, anunciado, criado, legível, de fato, nos textos sagrados, e realizável, dizem alguns, hoje.

Falseável também, esse raciocínio só vale para as relações humanas, já que tange apenas às ciências sociais. É válido para nossa relação com o Mundo, ou seja, não mais pelo lado da referida metanomia, ausente, mas pelo lado da física e da metafísica, presentes? Válido para a guerra entre os homens, pode-se generalizá-lo para a guerra contra o Mundo? Verdadeiro para nossa violência, subjetiva e coletiva, relacional em todo caso, o cristianismo parece, de fato, silenciar sobre a ameaça mundial, objetiva, da qual fala Camila, heroína à antiga, invocando a ira celeste e o desencadeamento divino à romana; enfim, sobre a violência do Mundo... sobre Júpiter reinante e Netuno, deus das ondas e dos *tsunamis*... com os quais nos preocupamos hoje, sobre a ira do clima que pensamos haver desencadeado. Não por nossos votos, certamente, mas por nossos empreendimentos.

Desde a semana da criação, o deus dos judeus e dos cristãos dá ao Homem poder soberano sobre o Mundo, terras, mares, aves, peixes, seres vivos. Não necessitávamos de Descartes para aprender a dominar a Natureza: reinávamos já, e de direito divino! Um ateu diria: nós nos déramos esse direito e esse dom divinos. O projeto deu certo. Possuíamos, dominávamos, governávamos, então, ao modo de tiranos, sem consciência alguma do poder, oculto a nossos olhos, pelo qual reinávamos. Nova dialética do senhor e do escravo? Ora, o último revolta-se. Jamais o víramos, nunca o ouvíramos, e ei-lo diante de nós, o Mundo como tal, formidável e rancoroso, irado e mais poderoso, de fato, do que todos os inimigos da História. O antigo escravo dominará, por sua vez, o dominador?

Meu paganismo

Tímido, certo da fúria de meus contemporâneos — já sofri essa ira contra *Le Contrat naturel* —, pergunto: e se as religiões antigas e os ritos primitivos, arcaicos, em suma, pré-cristãos... mentirosos, por certo, para as relações humanas... contivessem fragmentos de verdade, não mais referentes às relações coletivas, mas ao mundo atual e às ameaças globais que apresenta? Por nossos votos, projetos, até nossos sucessos, conquistas e posses... que cólera celeste desencadeamos?

E se o panteísmo e o paganismo... o animismo, o fetichismo... todas as religiões desprezadas pelo Ocidente, mortas para sempre, desaparecidas de nossos templos e residências... ridículas, ademais, desde que as Luzes nos esclarecem... por exemplo, os velhos deuses do Olimpo, Júpiter e seu raio, Hefaísto e sua forja vulcânica, Netuno e seus maremotos... todas figuras falsas, tanto quanto se queira, para nossa física, verdadeira, mentirosas, tanto quanto se queira, para as ciências humanas, leais e críticas... podiam mesmo assim nos ajudar nestes tempos em que o Apocalipse e o Naufrágio se apresentam juntos, o perigo do último podendo salvar-nos, espero, dos riscos do primeiro? E, se essas religiões, perdidas para sempre, tivessem, de fato, salvado duas vezes a humanidade contemporânea: por uma primeira mentira, metanômica, a do linchamento e do sacrifício; e por uma verdade, metafísica, paradoxal, dos falsos deuses, fetiches vãos da ira celeste.

Reviravolta

Presente, embora transparente, será que uma hamadríade não demonstra alguma eficaz defesa quando algum bárbaro golpeia com o machado sua árvore? Não se respeita mais uma fonte quando se teme algum tritão dentro dela? Os deuses do Sagarmatha, rebatizado depois de Everest, não salvaram, longamente, essa montanha santa do dilúvio de nossos lixos e do saque com nossos teleféricos? Por mais falsas as julguemos, as divindades do Olimpo tinham ao menos a virtude de poupar seu pico de nossas vitórias irrisórias e de nossas sujas apropriações. Perdemos, esquecemos essas figuras; elas perturbavam o avanço de nossos trabalhos indispensáveis de devastação. Será que as lembro para que restrinjam empreendimentos tornados inúteis e loucos?

É claro que não se ressuscitam tão facilmente deuses mumificados. À aposta, já utópica, no Naufrágio contra o Apocalipse, acrescento uma segunda utopia. Mas, insisto e subscrevo, os progressos da História, se algum houve, não aconteceram sempre, aproximadamente, por meio de sonhos do gênero?

Nova religião fetichista

Tememos de fato, essa cólera celeste? Sim, começamos a temê-la. Reviravolta súbita: tenho menos medo dela, pois eu mesmo a chamo com meus votos. Sim, ao modo de Camila! Volto à minha primeira aposta e exclamo: que a ira celeste, inflamada por meus votos, proteja-nos enfim de nossos conflitos vergonhosos!

Imprudentes, arrogantes com nossos poderes novos, nós a excitamos, essa cólera celeste, nós a suscitamos, sim, produzimos, modelamos, fabricamos com nossas mãos, trabalhos e intenções, nós a esculpimos à maneira de um ídolo. A poluição, o efeito estufa, a mudança climática... nós os sofremos, certamente, como efeitos externos, mas também os provocamos; é certo que se trata do Mundo, mas os produzimos. Peço aqui para que o leitor redobre a atenção, pois passo de minha primeira utopia à segunda.

Como se trata de forças promovidas, em parte, por nossas próprias mãos, eis-nos de volta, realmente, à mesma situação dos pagãos, dos politeístas... executando ritos ante divindades fabricadas, de madeira, ferro ou mármore. Essas velhas religiões estão voltando a ser, hoje, parcialmente verdadeiras? Nossos antigos bem sabiam esculpir eles próprios os referidos ídolos, mas conscientes de representarem as forças contra as quais nada podiam, como raios nas mãos de Júpiter, mar revolto ou *tsunamis* sob o tridente de Netuno; eles viam essas imagens de existência dupla, humana e divina, como fetiches.

Um fetiche perigoso, mas protetor

Não sabemos nós também, de maneira estranhamente semelhante, que, se nossos empreendimentos desencadeiam aquelas forças naturais, sua existência e potência, contudo, não dependem totalmente de nós, mesmo dependendo de nós em grande parte? Eis-nos, então, também perante uma idêntica dupla existência, espécie de *Grande Fetiche*, assemelhando-se estranhamente aos que nossos antepassados veneravam: feito por nós e reagindo fora de nós, do mesmo modo que os deles eram feitos por eles e representavam forças exteriores a eles. Enquanto, do Deus único, jamais poderei demonstrar a existência, experimento hoje uma evidência irrecusável, um fato técnico, forças racionais e calculáveis, algumas decisões práticas mesmo diante do perigo... como dizia, vejo retornar diante de nós, formidavelmente existente, tal ídolo!

Esse raio de Zeus, esse Hefaísto incandescente, esse Netuno das altas ondas, anteriormente, fora do bar de marujos, devia reconhecer os seus... esses fetiches terrificantes, mas em parte suscitados por nós, dependem simultaneamente de nós, na condição de imanentes, e permanecem independentes de nós, na qualidade de transcendentes. Tudo se passa como se o Mundo, tal como o descobrimos hoje, existisse ao modo dos fetiches arcaicos.

Cortando o sistema de Auguste Comte em dois, os positivistas dos dois últimos séculos conservam sua parcela de história e classificação, mas excluem a religião de seu fundador. Zombam e riem dessa decadência do sistema. Lembro, de repente, que Auguste Comte pedia, no final de sua vida, que se reverenciasse a Terra, justamente, sob o nome de *Grande Fetiche*. Previa ele um tempo, ainda não advindo, ao falar assim, em que esse apelo se justificasse por uma razão positiva e prática?

Vocês sabem que cultuo esse Grande Fetiche? Poderoso e temível, ele pode, do alto de seus raios, de seus fogos, de suas transgressões marinhas... desviar-nos de nossa loucuras humanas, doravante por si apocalípticas? Essas figuras semiverdadeiras, semifalsas da cólera do Mundo, nos salvarão da violência, perfeitamente verídica, dos homens?

É certo que as religiões mortas não retornarão. Não as ressuscitaremos, mesmo nos apoiando sobre as razões mais concretas. Mas uma cosmocracia nova poderia surgir. Ela nos salvaria dos conflitos bárbaros da História? Ela nos salvaria, enfim, da erradicação apocalíptica? Contrariando quem me impediria de crê-lo, é o que defendo.

A metafísica-tronco

É o seguinte: uma célula-tronco com capacidade de se tornar neurônio longo, fibra muscular, leucócito ou eritrócito. É chamada totipotente, ou seja, ela é todas as outras potencialmente. Essa característica se encontra alhures: enquanto equivalente geral, posso dizer totipotente também o dinheiro. Ele pode tornar-se, a bel-prazer, deus, mesa ou cubeta. O *x* da álgebra, as notas musicais, as letras de nossos alfabetos, cujas combinações alcançam tantos sentidos quanto se queira...

possuem, juntos, a mesma virtude: posso dizer tudo, cantar tudo, deduzir tudo, trocar tudo, comprar ou vender. Dura, a vida mistura então à matéria as capacidades suaves dos signos assim enunciados, enaltecidos ou computados. Constata-se existir um mundo com uma infinidade de singularidades. Analiso extensamente em meu livro *Conversions* essas variadas misturas de duro e suave.

Por que a metafísica e a referida metanômica não alcançariam, por sua vez, esses poderes, essas capacidades codificáveis, esse mundo totipotente? Por que permaneceriam elas rígidas e monovalentes em suas escolhas fundamentais? A passagem à multivalência lhes assegurava ao menos flexibilidade, inteligência, compreensão e tolerância. *Le Contrat naturel* foi tratado de animista. Tanto melhor! Esse livro será desprezado como fetichista. Tanto melhor! Quando trato de ciência, acontece-me de ficar, como acontece a todos, naturalista. Tanto melhor! E, com Leibniz, optei por um pluralismo que alhures chamam analogismo. Assumo a multivalência dessas quatro opções. Sim, eu as sustento juntas.

A tradição detesta o que ela chama relativismo, despreza o que chama sincretismo. Eu não desprezo nem detesto nada do que me permite pensar livremente. Descubro e habito agora uma espécie de local girante, conversível, cujos graus de liberdade giram, a bel-prazer — convertem-se —, para opções bastante diversificadas compreendendo vários universos.

Eis minha metafísica-tronco. *Conversions*, livro citado, tenta explorar essa possibilidade.

Mas as células-tronco de algum modo não atingem a categoria de metacélulas? Esse *x* algébrico, essas letras ou notas, esse dinheiro em si, não seria necessário abrigá-los, eles também, no andar superior, ocupado, sem pagamento de aluguel, pela metafísica? Pois, a partir dos elementos precitados, de sua altura, escoam, ao modo de fonte ou origem, sentidos e línguas, cantos e músicas, deduções e cômputos, trocas comerciais... A metafísica não preenche absolutamente sua função e não deve assombrar esse local suntuoso, se e quando ela impede o pensamento de uma equivalência geral das opções fundamentais. É o mesmo que brincar de não falseável, vamos lá alegremente!

Minha metafísica alcançaria então a totipotência e me permitiria a livre escolha sobre as decisões anteriormente referidas.

Globalidade, finalidade

Parafraseando Hannah Arendt, muitos acham natural somente existir meta para os trabalhos locais, que todo projeto, ativo e sério, comporta precisão e rigor, delimitação, portanto, restrição de horizonte e cegueira... enfim, que, atingindo a globalidade, as ações humanas perdem sua finalidade.

Acabamos de descobrir, recentemente, que precisamos inverter essa evidência. No momento mesmo em que construímos o que outrora chamei de objetos-mundo, nós ameaçamos nosso planeta, modificando seus dados, sua evolução, seu clima, suas reservas, a diversidade de suas espécies... Quanto mais nossos atos se generalizam, mais têm o Mundo por objeto, mais sua finalidade, pelo contrário, se define: tendo em vista o Mundo, nós o temos como projeto; ele aparece, enfim, como condição inicial nossa e também como finalidade assinalada; tornamo-nos responsáveis por ele. Contribuímos para criá-lo, recriá-lo. Descobrimos, teórica, prática, técnica e politicamente, o criacionismo humano.

Pergunta: o que queremos fazer com o Mundo? Que mundo projetar? Que mundo recriar? Que homem formar para esse mundo? Alcançada nas condições e na ação, a globalidade busca seu fim; e o encontra no Mundo.

Trabalho e batralho

Nós trabalhávamos. Mineiros, lenhadores, desmatadores, perfuradores de poços de petróleo, metalúrgicos, pedreiros... trabalhavam. Louvávamos tais transformações, seu mérito e a virtude dos agentes. Jamais pensamos em equiparar essa atividade humana à pirataria. Apenas bom e totalmente bom, eis o trabalho. Ele transcendia os homens. Tanto como punição quanto como libertação.

Lembro-me dos dias em que, depois de Hiroshima, tive de pensar que a ciência não era, como aprendera na escola, boa e totalmente boa; que tinha de ser acompanhada também por uma deontologia, uma reflexão ética, que não devíamos empreender qualquer coisa. Para isso, eu até redigi um *Juramento* do cientista, imitando o de Hipócrates para os médicos.

O mesmo vive hoje o trabalho. A maior parte dessa atividade deve cessar, sob pena de graves danos ambientais. Proponho até, invertendo de bom grado a própria palavra, inventar um *batralho*, para reparar as devastações dos trabalhos atuais e passados. Que se organizem o quanto antes batralhos públicos!

Interlúdio: pequeno capítulo de ética

Violência: se não golpeio o outro, o outro inevitavelmente me golpeará. Ciência: se declino dessa pesquisa, outro inevitavelmente a executará. Mundo: se não exploro tal recurso, aquele outro inevitavelmente explorará. Assim se dissemina, por mimetismo, uma lei de crescimento, mimética e violenta.

Moral paralela: roubo, violo, mato porque alguém, inevitavelmente, rouba, viola ou mata? Não jogo imundícies na rua sob o pretexto vão de que meu vizinho as joga pela janela. No entanto, dirão, arrisco-me a morrer se não mato; arrisco-me a perder se não executo.

A moral consiste em correr esse risco. Em resistir ao mimetismo, ao condicionamento social, coletivo, narcótico, vertiginoso da perda e da morte. Em avaliar a perda daquele que ganha matando, que ganha violando, que ganha roubando, destruindo, enfeando... O que ganha, por exemplo, o diretor de um canal televisivo proibindo suas filhas e filhos de assistir às transmissões que ele produz e organiza, cuja devastação sobre as crianças ele reconhece? Não perde ele sua autoestima? Ele quer ganhar o universo e perder sua alma?

Por outro lado, essa moral se dirige à pessoa, ao indivíduo, a qualquer *ego*. Nós ganharemos o Universo um por um. *Eu* contribuo, em minha escala, localmente, para a baixa da cheia global. Esse *ego* não designa o autor deste livro, que frequentemente proclamou o horror que experimenta pelos conselhos, não aconselha a ninguém, e não tem nenhuma tendência a se apresentar como modelo. Não, trata-se aí do individualismo, tal qual emerge e que vivemos hoje. Esses *eus* marginais, monádicos, dispersos, distribuídos... se conectam, hoje, e formam, paulatinamente, um novo *nós*: o conectivo substitui o coletivo. Esse *nós* acabará desinflando os velhos, gigantes e cruéis balões.

Volta ao direito: pirataria e guerra legal

No início de um possível direito do Mundo, o Contrato natural visava à meta de transformar a pirataria comum da exploração numa guerra; consciente, portanto, de nela poder conceber uma paz. Não era tratado final, mas condição inicial.

Atrai-me hoje o paralelo com a guerra como acabo de descrever. Ela só começou com o direito para evitar um crescimento diluviano de violência. Vivemos exatamente esse momento em nossas relações com o Mundo. Os crescimentos empresariais, financeiros, econômicos, de trabalho ou de exploração... que às vezes pensamos remediarem nossos males, mas vinculados, como se sabe, a estragos gigantescos, assemelham-se enganadoramente aos dilúvios dos quais este livro se livra.

Em nossas relações com o Mundo, esse Contrato natural pode então desempenhar o mesmo papel que a descoberta, milenarmente anterior, de um direito apropriado para represar o crescimento de violência e transformar o terrorismo da guerra de todos contra todos em conflitos declarados, finitos e limitados.

Tomo consciência agora de um efeito suplementar, decisivo e positivo.

Crimes contra a Humanidade, crimes contra o Mundo

Em página prévia, eu distinguia as mulheres e os homens vivendo vizinhos à Morte e aqueles felizes o bastante para não senti-lo. Diferentes de nossos ancestrais e mesmo de nossos pais, que não o sentiam, vivemos hoje na vizinhança do Mundo. Sobrevivemos mesmo à vizinhança da morte do Mundo. Ele se revela a nós, agonizante.

Nosso direito reconhece a noção de crime contra a humanidade. Espero até mesmo que toda guerra e todo terrorismo nos aparecerão um dia dessa maneira, como atos desumanos. Gostaria também que inscrevêssemos hoje no direito a noção de crime contra o Mundo.

Há tribunais de direito internacional aptos a reconhecer violências ilegais, até injustificadas. Eles ainda se limitam às relações entre os homens. Gostaria que se inventassem também tribunais habilitados a reconhecer crimes contra o Mundo. Nossas filosofias, literaturas, nossas culturas em geral privilegiam sempre as pessoas. Não renego o que dizem, mas sim o que silenciam. Acosmistas, elas esquecem este mesmo mundo que se revela hoje em sua frágil totalidade. Passei parte de minha vida querendo reintroduzi-lo em nossos pensamentos, projetos, condutas, em nossa prudência, sim, em nossa visão do Mundo.

Perdemos a Morte, ganhamos o Mundo. Eu me inquietava pouco antes por não saber definir o Homem sem a Morte. Vamos defini-lo de agora em diante com o Mundo. Ainda inexistia ser-no-mundo, já que não havia mundo.

Emerge, simultaneamente ao Mundo, o homem simbionte, convivendo com ele. Mas, justamente, arriscamo-nos hoje a viver a morte do Mundo. Esse risco magno da morte do Mundo nos libertará, creio, da morte que os homens se propiciam. Repito minha aposta, repito minha utopia.

Vocês, jovens, que descolam a Morte das costas e vivem a Vida, vocês podem se livrar também da nova mochila da morte do Mundo?

Um efeito suplementar e positivo

Definir a guerra contra o Mundo, percebendo, por outro lado, que, antes de chegar a essa definição, sobre ele travávamos, entre nós, atos de pura pirataria; essas duas conscientizações nos esclarecem poderosamente sobre nossas próprias relações.

Sim, vivemos um tempo de apocalipse, já que perdemos o direito que presidia milenarmente nossas guerras limitadas. Sim, corremos o risco, pelo terrorismo, sobretudo o de Estados e nações, de voltar à velha guerra de todos contra todos, ao crescimento diluviano descontrolado. Sim, tudo isso continua sendo verdadeiro se só existirem homens e não mundo. Tudo isso permanece verdadeiro para a filosofia, a política e as instituições obsoletas. Tudo isso segue verdadeiro para o acosmismo quase generalizado.

Ora, na realidade contemporânea, ergue-se diante de nós um parceiro gigantesco, mais forte do que todos os inimigos que encontramos na pré-história e na História. Alevanta-se o risco da morte do Mundo. Temos de escolher entre ela e uma cosmocracia. Temos de optar entre o governo dos homens pelos homens, segundo a velha perspectiva da ausência do mundo, e o governo dos homens pelo Mundo. Revolução à maneira ptolemaica: os sujeitos giram em torno do objeto; os homens giram em torno do Mundo. Eles o habitam, convivem com ele e se orientam por ele.

Atravessamos três estados: éramos seres-à-Morte; tornamo-nos seres-no-Mundo; eis-nos novamente seres-à-Morte-do-Mundo. Ela se levanta diante de nós.

Diante de nós, o que significa isso? Nós, família? Nós, política? Nós, sociedade? Nós, associações locais? Não, nós, habitantes do Planeta; nós, marujos deste navio; nós, cosmonautas deste astro azul. Nós, Humanidade. Os novos seres-no-Mundo só têm um Mundo. Tão único para nós quanto a vida para cada um de nós. Perdendo-o, perdemo-nos todos juntos. Tornando obsoletas as guerras antigas, incluindo o apocalipse, o risco final do Mundo reúne a humanidade, composta por seres-no-Mundo.

Grito de alerta: aos postos de evacuação! Não, não há baleeira para escapar ao naufrágio. A esses apelos dos tempos históricos terminados, em que nos deleitávamos em matar nossos semelhantes, sucede-se o grito: terráqueos de todos os países, uni-vos para preservar o Mundo.

Essa união já repousa nas consciências.

Depois do direito, vem a política. Como organizar nossa cosmocracia eis nossa próxima questão.

Antigo jogo de dois e novo jogo de três

Guerra, terrorismo, mas também estratégia, cooperação, negociação, rivalidade, administração, ciências sociais, política... tratava-se, sempre, para nós, de um jogo de dois: seres humanos contra seres humanos desiguais, senhores e escravos, luta de classes, esquerda contra direita, Norte contra Sul, ricos e pobres, individualismo neolibeal ou coletivismo socialista... Há teoria, filosofia, prática política além desse jogo de dois? Os seres humanos permanecem entre eles, como nas cidades que dão seu nome à política.

Cruéis ou pacíficos, assassinatos ou diálogos, duros ou suaves, esses jogos de dois parecem sobreviver por inércia, ou melhor, porque organizam um espetáculo mundial permanente cativando as multidões, alucinadas. Este livro e nosso cotidiano midiático mostram, com efeito, que qualquer jogo de dois se transfigura rapidamente em representação, sobretudo sob risco de morte. Insignificante, ilusória, tristemente repetitiva, perigosa porque cega, essa cena só termina, de fato, hoje; brilha ainda com todo seu falso esplendor, mas de fato morre.

Que disputa a substitui? Passivos, suportamos; ativos, jogamos — nunca jogamos com razão ou consciência — um jogo de três: os seres humanos e o Mundo. Sabíamos viver no Mundo e do Mundo? A resposta é não! Nem os filósofos nem as ciências políticas parecem conscientes a respeito.

Eppure, nós o habitamos e não podemos sobreviver sem ele! Enquanto jogavam outrora e continuam jogando, disputando a exploração do Mundo, os dois campos certamente se contrapunham, mas seus jogos de oposição os contrapunham ao Mundo. Esses jogos de dois em que a rivalidade, embora violenta, frequentemente só sonha ideais suaves se tornam destrutivos quando esquecemos, negligenciamos o terceiro jogador, revelador da realidade dura das próprias coisas. Em verdade, jogamos jogos de três e sempre jogamos assim: de um lado os seres humanos, amiúde, é certo, também divididos em dois campos, mas todos unidos de fato contra o planeta, decomposto também em elementos, Água, Ar, Terra, Fogo e Viventes.

Tão velho quanto o hábitat humano, tão longo quanto o trabalho paciente da hominização, hoje exasperado, mas nunca, ainda, jogado de maneira razoável e consciente, *esse jogo de três encerra uma passagem obsoleta de nossa história e ativa um outro tempo.* Morreríamos, hoje, não podendo mudar de tempo nem de jogo.

Conclui-se só existir mercado, liberal, só haver coletivo, socialista, só humanos, enfim, com o Mundo agonizando? Só há dois juntos quando morre um terceiro? Esquecida, essa terceira vítima objetiva desperta e nos ameaça.

Quem, no novo jogo, daqui para a frente ocupará essa terceira posição, quem a salvará? Quem protegerá, quem inventará esse terceiro objeto? Como legiferar, como agir segundo esse novo jogo e esse estatuto de seus atores? Que política promover ou, antes, que cosmopolítica instaurar? Nosso novo tempo depende das respostas a essas interrogações. Repito-as: quem, hoje, assumirá o direito de tomar a palavra em nome do Mundo? Quem enunciará um terceiro verbo objetivo? Quem ousará torná-lo sujeito falante? Eis, novamente, as próximas perguntas.

Narrativa

Busco reconstituir a grande narrativa desse passado amnésico. E sonho que o mecanismo do bode expiatório, tal como analisado por René Girard, ultrapassou nesse ponto as pessoas humanas, atingindo o Mundo como ele se apresenta, ocupando, no novo jogo, a terceira posição. Para preparar a nova, eu conto a velha narrativa.

Ei-lo: frio e gelo, tempestades, seca, calor, trovão, terremotos... não deixamos de temer o Mundo e sua invencível dureza; permeado de feras, bichos nocivos, semeado de plantas venenosas, denso de miasmas... nós o responsabilizávamos por nossos males, acidentes e doenças, por nossas fomes também quando não chovia... Jogados nele e diante dele, mortífero, forte e infinito, nós vivíamos, dependentes dele, fracos e finitos. Eis o inimigo. Nossas práticas, nossos saberes investem sobre ele e atacam.

A guerra mundial começa. Pouco a pouco, forjamos ferramentas duras ou armadilhas sutis, técnicas e ciências duras, para, juntas, dominar a dureza do Mundo. Armados cada vez mais e melhor, tentamos vencer esse vencedor de nossas fragilidades, tornar-nos senhores e donos dele... Podemos contar as batalhas travadas, perdidas ou ganhas nessa guerra de duração milionária.

No cômputo geral, e recentemente, ao menos nessa escala temporal, quase conseguimos que aquilo que não dependia de nós acabasse dependendo, mesmo os elementos, Água, Ar, Terra e Fogos da energia, até mesmo o clima... mesmo a vida, nascimento e dor... Nós quase matamos, portanto, nos limites de nosso novo poder de possuidores e senhores, esse inimigo-Mundo, aos latidos... O mar morre, a água potável e as fontes energéticas se rarefazem, o ar se torna irrespirável, as espécies desaparecem... Acabamos dependentes do que, recentemente, acabara por depender de nós.

Esta longa narrativa não relata a condenação à morte de uma vítima humana, como fizeram outrora os mitos, ritos e sacrifícios, mas descreve, de maneira curiosamente paralela, nosso tratamento do Mundo ou de nosso hábitat. Ora, a outra narrativa, a que me inspira, conta como, em certas bifurcações dos sacrifícios antigos, a vítima de humana passou a animal: cordeiro, touro, porco, bode expiatórios. Aquela que acabo de evocar mostra que ela se torna inerte, material, elementar, mundial. O sujeito se tornava animal, aqui ele se torna o objeto. Justamente o que eu desejava demonstrar.

Ora, essa narrativa paralela termina como o esquema sacrifical: fortificados, hoje, e na véspera de uma vitória de Pirro, tornamos então o Mundo, vencedor-vítima trans-histórica, uma divindade fraca, inocente, temível também: o deus de nossos ecologismos, aquele que chamo, aqui, o Grande Fetiche. Todo o mecanismo vitimizador se desdobrá, ante nós, durante a longa hominização, até o mais refinado detalhe de seu acabamento. Pois vivemos hoje seu fim, sua inversão, sua literal apoteose: *natura homini lupa; natura homini dea.* Morte à loba, perigosa; protejamos a deusa, tutelar.

Saldo: inimigo poderoso, acusado, alvo de violências cegas, depois quase condenado à morte, endeusado enfim, o mundo objetivo atravessa os mesmos estágios que a vítima subjetiva. O objeto se transmuda em sujeito.

Esse tipo de metamorfose se cumpre, por certo, nessa narrativa, mas, melhor ainda, aprendemos nela a abandonar tais representações para revelar, não mais um inimigo, menos ainda uma vítima, divindade, mas, consciente, positiva e razoavelmente... um parceiro. O jogo de três desaparece, enfim, da noite dos limbos místicos. Como os jogos de dois lhe viravam as costas, esse parceiro permanecia na obscuridade da inconsciência e da angústia: Mundo imundo.

Do mesmo modo que os mitos antigos e sua crítica judaico-cristã recobrem nossa história com seu relato, explicando-os frequentemente, a Grande Narrativa seguida em meus livros anteriores, e em particular o trecho que acabo de citar, trecho prático, técnico e científico de nossa hominização no hábitat do Mundo, prolonga o antigo, reveza-se com ele, dá sentido a nosso tempo e permitirá à Humanidade inventar novas maneiras, políticas, de conviver. Projetamos, desde esse dia, traçar o caminho até lá, para esse dia malsinalizado.

Para essa reconstituição da narrativa paralela e do jogo de dois em jogo de três, passamos das ciências moles, exclusivamente humanas ou sociais, e do que chamei sua metanomia, às ciências, às técnicas, duras, físicas, e à sua metafísica. A nova política deriva então da síntese entre a formação de nossos grupos, a instauração de nosso hábitat, o estatuto de nossos saberes e o destino de nossa hominização.

Le Tiers-Instruit anunciava já esta síntese: não praticaremos a nova síntese sem essa terceira instrução. Dando ao Mundo-objeto o estatuto de sujeito de direito, *Le Contrat naturel* mostrara, pela perspectiva jurídica, metamorfose e processo análogos.

Mudamos de jogo.

Encerrando: embora abreviada, essa longa narrativa liga e mescla milhares de vertentes ou componentes — práticas, caça e pesca, lavoura e pastagens, mitos e religiões, indústria, ciências e técnicas, economia, direito e política enfim... Se esse confluente, de difícil gestão, sempre nos acompanhou, debatemo-nos hoje nele e diante dele, com a consciência aguda de sua totalidade. Sabemos calcular algumas integrais imediatas ou parciais, podemos desdobrar seu fluxo ao longo da duração da Grande Narrativa.

Nessa mistura global, ainda chafurdamos, cegos e passivos, se bem que, quando ativos, nós a estragamos. Sua massa, cuja textura eu vejo e sinto, ou melhor, cuja composição eu penso, eu chamo de *conversível*, pois ignoro que futuros imprevisíveis sairão de sua maleabilidade.

A Arca-Mundo

Eu disse dois crescimentos, um duro, outro suave. A matança acumula os cadáveres; eis o Dilúvio. Duro?

Mais do que duro. Já em 1962 um relatório da Organização Mundial da Saúde (OMS) contabiliza a situação antes da baixa: desde três milênios antes de Cristo, a Humanidade flutua sobre 3,8 bilhões de mortos, empilhados nos campos de batalha do que chamamos, orgulhosamente, nossa história. Existem hoje 6,5 bilhões de seres humanos sobrevivendo: mais da metade de seu número atual enfrentou, na História, combate armado. Superamos os ratos.

Tal cheia de corpos assusta. Sobre esse crescimento angustiante de cadáveres, construamos uma arca. O que embarcar nela?

Segundo crescimento, suave: universais concretos

Quase todas de curto prazo em virtude da Bolsa, das eleições e do espetáculo, dez decisões econômicas ou políticas hodiernas, frequentemente irrisórias, às vezes perigosas, sempre parciais, tendem ao inconsistente.

Inversamente, inquietos com urgências globais, gigantescas, prementes, de tanto que só o longo prazo agora nos preocupa, nós, filhos da Grande Narrativa, sabemos, com efeito, calcular balanços, inventários precisos e honestos, adições, somas ou integrações, contas de síntese características de nosso tempo. Ao passo que podemos, certamente pela primeira vez na História, nos entregar a tais integrais, não duvidamos construir uma arca. Transbordante, plenamente suave de números, este conhecimento, novo, dos componentes do Mundo em sua totalidade, quase se compara com o dilúvio, duro, dos cadáveres e dos mortos.

No atacado: quantos seres humanos no Planeta, amanhã, por nascimentos e falecimentos; quantos bilhões de anos nos separam da emergência da Terra e de seu desaparecimento sob o fogo da nova solar; quantas terras cultiváveis, nesse dia; quantas espécies desapareceram nas cinco grandes erradicações do passado geofísico e quantas desaparecem cotidianamente; quantos peixes restam nos oceanos; quantos metros cúbicos de água disponíveis aqui e acolá, e ao todo; quantos pacientes dependentes de tal e tal doença; quanta despesa *per capita* em energia, alimentos ou medicamentos; quantos quilômetros quadrados de geleiras derretidas; há quantos milênios o clima muda e de que maneira; quais energias fósseis subsistem; quantos seres humanos, aos bilhões, sofrem de fome e de sede; que esperança de vida para homens e mulheres, aqui, além, hoje e amanhã; quantas espécies viventes, vegetais, animais, unicelulares... ainda desconhecidas; quantas pessoas monopolizam o essencial dos recursos disponíveis...?

Há hoje vastos bancos de dados globais, munidos de tal poder de cálculo que podemos, à vontade, tratar esses sinais, números ou códigos, recebê-los, emiti-los, manipulá-los, representá-los, criar, a partir deles, cenários mais ou menos prováveis... Leitor, você dispõe, como indivíduo, aqui e agora, desses dados, do mesmo modo que eu e milhares de outros. Bem-chamado de *ordinateur* [ordenador] em francês, ou computador, por meio de cômputos e memória ele nos permite acessar o que chamarei de universos concretos. O real se encontra no horizonte dessas globalidades.

Número crescente de indivíduos, grupos, especialistas, militantes... podem pensar esse gênero magno de operações ou adições globais que caracterizam nosso tempo, desconhecido em qualquer outro momento da História. Não tenho lembrança, com efeito, de sacerdote, homem de Estado, cientista, até filósofo, jamais terem buscado, e *a fortiori* conseguido, computar concretamente tudo. Antes de nossa geração, a História pensava o espaço como coleção de regiões, o todo como conjunto de partes, o Mundo como jogo entre nações. Em vez de enxergar os conjuntos, ela mais classificava, distribuía, contrapunha... o essencial permanecendo a parte. A parte, o parcial, portanto, a guerra por oposição. Vivíamos em subconjuntos, pensávamos por fragmentos e relações, só armazenávamos nossos bens, só recenseávamos companheiras e filhas. Até recentemente, mesmo para um geógrafo, embora formado para descrever o Planeta, o balanço global de água ou de ar, de fogo ou de espécies... não tinha senso de urgência e permanecia inacessível. Quanto à História, alguns somente integravam certos períodos breves, não podendo ter a menor ideia da extensão abissal da

Grande Narrativa; outros temiam não conseguir nunca reunir o saber. Enciclopédias e filosofias da História, eis tudo o que a tradição nos propõe em termos de somas. Nelas se refletia sobre as totalidades abstratas; as factuais têm menos de cinquenta anos. Quando pensávamos o universal, nós nos refugiávamos no formal, em maiúsculas: o Homem, o Mundo...

Acessamos hoje universais concretos: menos H_2O do que o total de águas de reserva e circulantes, calotas, oceanos, chuvas e águas correntes; menos o ar do que as reservas atmosféricas, sua composição e provável evolução; menos a gleba do que a soma e o futuro de nosso planeta Terra; menos o fogo do que nossos estoques energéticos e as lixeiras de sua degradação; menos a vida do que a diversidade das espécies; menos o Homem do que sua paleoantropologia somada a suas culturas e atividades; menos nossa pequena história do que a Grande Narrativa... Seja, no horizonte, o real em sua soma.

Gosto de dizer aqui concreto de tanto que a raiz da palavra, admiravelmente expressiva, é precisa: o que cresce junto ou em comum, o que aumenta por acréscimo. O cacoete cotidiano do jornalista consiste em exigir daquele a quem interroga dados concretos; com essa pergunta, repetida até enjoar, ele espera dele um exemplo particular, parcial nos dois sentidos; ele crê assim propalar seu próprio realismo; mas ele é, ao contrário, idealista, no sentido antes definido. O parcial no sentido de fragmentário retorna de forma brusca ao passado, envelhecido, obsoleto, ao formal abstrato, maldoso e guerreiro. Ele induz ao combate e impele ao enfrentamento, buscado, de fato, pelos interrogatórios do espetáculo.

Não e não: o concreto [*cum-crescere*] designa o crescimento de todas as partes na direção de um todo sólido, como que aglomerado. O concreto cresce e se agrega em todos os cálculos que acabo de evocar. Eles sempre nos mostram o todo, tendem e dirigem-se ao todo, mais real do que todas as parcialidades passadas, que, hoje, aos idealistas saudosistas, parecem abstratas e caras; caras também no preço pago, em guerras e mortos. Sim e sim, quanto maior o cômputo, mais ele se aproxima do concreto. O que é então esse concreto? Também a totalidade: do Mundo, dos homens, do Universo e do Tempo.

Ou melhor, todo mundo hoje tem acesso a esses cômputos totais e reais, a essa visão global. Usando o prefixo grego *pan*, incessantemente retomado nos termos nos quais a totalidade intervém, mais adiante eu chamo de pântica essa tecnologia das somas globais. Não somente que todos tenham acesso a todas as informações disponíveis, mas que todos acessem de fato essas somas referentes ao todo. Eu me chamo, tu te chamas, nós nos chamamos Noé: como temos livremente acesso ao relatório citado, ficamos sabendo, pela OMS, o volume do Dilúvio: mais de três bilhões de mortos. Noé só recrutara um resto; nós recrutamos tudo.

Ora, já que todos podem conhecer esse total e os outros, assistimos à emergência de uma democracia nova, a dos dados, das totalidades. Pouco a pouco e um por um, a Humanidade acessa os conhecimentos referentes à Humanidade, seu espaço habitável, sua vida possível e o tempo de sua Grande Narrativa. Como essa democracia decorre desses cálculos e pode controlá-los, ela nasce como sujeito, como ativa produção dessas sínteses, mas também como seu resultado, ela nasce como objeto. A humanidade torna-se sujeito de seu mundo e seu objeto. Esse novo dado cognitivo não pode deixar de fazer emergir uma nova cultura, novas políticas. O indivíduo e a humanidade tendem a suceder à cidadania.

Com isso, figurativamente, Noé, o Patriarca ou Deucalião, com Pirra, a Ruiva, não embarcam mais sós na Arca, todos os acompanham. Todos: não apenas um e uma, por espécie, mas toda a espécie e cada espécie. Suave, a Arca cresce e pode atingir o volume do Dilúvio, duro. Diante do velho aumento de mortos, em virtude das guerras engendradas pelo antigo concreto parcial e suas velhas separações egoístas, eis o novo crescimento, o aglomerado dos dados voltado à soma das somas, ao Universo. Quem tencionaria combater o Universo?

Qual arca sobre quais águas?

Redesenhemos as figuras. O Dilúvio mostra a violência, cuja cheia sobe entre os homens, disforme desde a fundação do Mundo; ameaça a humanidade, como sempre, mais do que nunca, já que desponta no horizonte. A Arca muda ao contrário. Reitero que antes de nós ela continha apenas um resto: uma família para os seres humanos, um só espécime por espécie, como no Museu e no Jardim das Plantas de Paris. Essa noção, aliás, sobrevoa, por exemplo e como angústia, a Bíblia.

Hoje, embarcamos somas: somando a soma dos universais concretos, nossa arca equipara-se ao Mundo, pelo menos virtualmente. Embarcamos no Mundo, com o Mundo, dentro do Mundo. Flutuando sobre um dilúvio mundial que ela contribui para criar, a humanidade navega a bordo de uma arca mundial que ela constrói em tempo real, cognitivamente. Esse poder cognitivo mudará as consciências. Enfim em casa a bordo do Mundo, a humanidade flutua sobre relações humanas frequentemente insanas. A arca nova tornará esse velho dilúvio inconsistente?

De fato, só descubro a importância da cheia de cadáveres pelas somas da Arca; em outras palavras, só consigo conhecer a natureza do Dilúvio pelas informações globais constitutivas da Arca. Absorvendo-as, poderá ela secar as águas?

Pântica

O recorte que chamei alhures de hominescência envolve também o acesso imediato a essas totalizações computadas ou realizadas, ou a urgência de sua avaliação. Como não tínhamos o hábito de pensar assim sobre o todo, entramos em pânico ante a brutalidade dessa abertura à pântica. O deus Pan, na Antiguidade, espalhava em todo lugar o medo e a totalidade. Entramos em pânico por não podermos combater por parciais razões? Tememos abandonar todo terror? As angústias engendradas por esse novo estado de fato proviriam do renascimento do grande Pan, morto, como se sabe, no início de nossa era? Pânico novo ante a emergência das totalidades?

Esse novo saber do todo, essa pantologia, essa prática recente da onitude, nascem agora quase em todo lugar, nas cabeças e atos sensatos, e deveriam tornar-se rapidamente o centro de uma política nova, ainda controlada pelos loucos do parcial, dos idealistas do parcial — tanto no sentido de parte, particular, fragmentário, quanto no de tendencioso —, da preservação de antigas fortalezas, enfim, da guerra, no direito, e do terrorismo, para o não direito. Eu os chamo idealistas por causa deste retorno: outrora esse apelido ridicularizava os sonhadores de totalidades maiúsculas; hoje, reservamos esse nome aos anciãos que só sonham retornar às parcialidades ultrapassadas. Nunca se guerreou, só se guerrearia... para se pendurar no parcial fechado, lacrado por fronteiras ou divisões. Hoje, trocamos o parcial pelo indivíduo, pontual, e pelo Mundo.

A política ordinária se fecha, ainda hoje, em razão desse inventário. Parcial e irrisório, o curto prazo expõe-nos ao perigo maior de não enxergar o todo. Inversamente, teremos em breve de nos organizar em torno desse cálculo integral operado, aqui e ali, pelas ciências físicas e humanas, e captado pela intuição geral. Ora, nossas tradições opõem-se ferozmente a esse recenseamento; pensamos e agimos ainda segundo as divisões herdadas da hominização e aprofundadas pela História: barreiras diversas de tribos, línguas, religiões, nações e culturas, cujas características e interesses pelo menos discrepam, quando não se opõem. Só agimos e pensamos diferencialmente; exatamente quando precisamos de integrais, só temos filosofias da diferença. A diferença causava guerra.

Com isso, apenas sofremos a globalização dos arcaísmos da concorrência, do poder e do esmagamento, à moda animal do darwinismo social — o mesmo que nos conduziu às catástrofes do século XX. Novamente: quem ganhará? Resposta: nenhum de nós, e sim o Mundo.

Cultura e política individuais

Em quase todo lugar nascem mulheres e homens, indivíduos que sabem abstrair sua origem, cultura, língua e mesmo religião, para não falsear os cálculos integrais com esses interesses ideológicos ou partidários que acabo de declarar idealistas. São os cabeças para a soma referida.

Disse-o, e o repeti alhures: o conectivo substitui hoje o coletivo. Jamais compreendemos bem, nem dominamos realmente este último; praticamos aquele diariamente por convivermos, também já o afirmei, em um novo espaço de vizinhanças. Conectando-nos, traçamos em todo lugar vias originais. Navegamos no universo interpessoal. Construímos esse universo interpessoal. Como na lógica, o substantivo próprio é um universal.

Essas somas globais, esses balanços integrais referem-se, então, tanto ao indivíduo quanto ao Mundo. Fechada para balanço, a política, hoje, recomeça pelo *ego*. Cada um de nós dispõe das sínteses; não necessita de ninguém para conhecê-las, tratá-las, manipulá-las, brevemente, dominá-las. Conectando-se, dissemina-as e pode modificá-las. Esses universais concretos passam por mim. A era da globalização soa simultaneamente com a da individualização. Conecto-me, portanto universalizo-me. Portanto, aquieto-me.

Arlequim revisado

Redefinamos a cultura: particular e fechada, depois integrada ou mesclada; eis uma ilha, depois um arquipélago, enfim um banho caleidoscópico, uma atmosfera misturada de experiências múltiplas. Redefinamos o *uomo di cultura* como indivíduo sem equivalente, mas também multicultural por extensão, ao modo de isolado poroso e sinóptico por si. Por certo buscamos proteger a fraqueza das culturas singulares, tão originais quanto algumas insulares, queremos perpetuar sua mensagem ao Mundo. Mas também propiciamos o crescimento do musgo acumulado pelas pedras rolantes.

Construo em mim dois corpos cultivados, reunidos em um único: o que representa, em modelo único, minha ilha, e aquele que, alimentado de tudo o que o primeiro gosta nas línguas, usos e artes diversos, intraduzíveis mesmo, os faz co-habitar em minha cabeça e em meu peito. Apesar das aparências, nenhuma contradição entre esses dois corpos costurados ou soldados, pois só posso gostar das outras culturas impregnando-me delas, desde que conheça e pratique profundamente a minha.

Poderá somar aquele que terá somado em si os homens. Como? Não descubro em mim a humana condição, se entendo por isso a natureza humana, que de universal só tem sua abstração; mas, à semelhança de meu mundo, visto-me de Arlequim multicolorido, mesclado, listrado, estampado, esfarrapado, remendado e rasgado.

Cosido, conectado.

Corro ao *L'Ancre de Miséricorde* para propor aos marujos, ainda uniformizados, que vistam a fantasia.

Reembarque

Marcha a ré, novamente. Antes mesmo que, de seus furgões, desembarque a polícia portuária com seus porretes, subitamente dispararam dez toques de apito e os brigões ouviram, em todas as línguas, o chamado de cada um aos postos de evacuação. Nada abala um marinheiro como essas duas partidas, uma, para o desespero, a outra, para a esperança. Punhos e pés parando de bater, a rixa paralisou-se. *L'Ancre de Miséricorde* povoou-se de estátuas. Depois, alguns disseram ter ouvido uma estranha sirene, outros, que ouviram uma espécie de aviso de neblina, os últimos acreditando que sinos soavam; mas os apitos espalhavam alegria.

Sem bonés, saíram para o cais, onde avistaram, através da aurora fraca no horizonte, perfilar-se diante deles, atracado com quatro amarras, uma estranha nave, tão alta que quase recobria o céu, para a qual, por dez passarelas largas, precipitavam-se multidões inesperadas: cigarras e formigas, corvos e raposas, seguidos e precedidos por sapateiros, financistas, leões e moscas, asnos e cães, carvalhos e juncos, montanhas e camundongos, precedidos ou seguidos por dois anciãos, assemelhando-se a Filémon e Baucis; lá atrás, um juiz julga, uma enfermeira e um monge solitário pareciam encerrar a fila imensa. Já instalada nos corredores da primeira classe, em companhia de mastodontes e tigres de dente de sabre, aparentemente apaziguados, Eva, em meio a fornalhas gigantescas, contava a explosão do Cambriano a Lucy, que lhe contava o Big Bang, enquanto Gilgamesh, refrescando-se no bar, discutia ecologia com o comandante Cousteau.

Então, na Arca, bolso do Mundo, penetrou o Mundo. Suas populações e sua evolução. Maravilhados, os marinheiros aperceberam-se, no final da procissão, que a cidade e seus muros, o próprio botequim e as casas em volta, que o porto e o cais, a Terra e os terráqueos, a noite escura e suas constelações, o próprio mar, suas costas e águas... invadiam o navio. O Universo dobrava-se sobre si mesmo.

Juntos, reembarcaram na mesma nave.